中华 爱国 人物故事
ZHONGHUA AIGUO RENWU GUSHI

秉笔直书著述《史记》的司马迁

崔丽娜　编著

吉林人民出版社

图书在版编目(CIP)数据

秉笔直书著述《史记》的司马迁 / 崔丽娜编著. --
长春：吉林人民出版社，2011.5
（中华爱国人物故事）
ISBN 978-7-206-07887-3

Ⅰ.①秉… Ⅱ.①崔… Ⅲ.①司马迁(前145～前90)－生平事迹 Ⅳ.①K825.81

中国版本图书馆CIP数据核字(2011)第075629号

秉笔直书著述《史记》的司马迁
BINGBI ZHISHU ZHUSHU SHIJI DE SIMA QIAN

编　　著：崔丽娜
责任编辑：郝晨宇　　　　　封面设计：七　洱
吉林人民出版社出版 发行（长春市人民大街7548号　邮政编码：130022）
印　　刷：鸿鹄(唐山)印务有限公司
开　　本：670mm×950mm　　1/16
印　　张：8　　　　　　　　字　数：70千字
标准书号：ISBN 978-7-206-07887-3
版　　次：2011年5月第1版　　印　次：2023年6月第4次印刷
定　　价：35.00元

如发现印装质量问题，影响阅读，请与出版社联系调换。

总　序

胡维革

《中华爱国人物故事》是一套故事丛书。它汇集了我国历史上80位古圣先贤、民族英雄、志士仁人、革命领袖、先进模范人物的生动感人史迹，表现了作为中华民族优秀传统的伟大的爱国主义精神。

爱国主义是人们对于"生于斯、长于斯、衣食于斯"的祖国的一种神圣感情，是人们对于自己民族的一种强烈的责任感和使命感，是感召和激励整个中华民族的一面永不褪色的旗帜。在漫长的历史上，爱国主义一直激励着中华儿女为祖国的独立、统一、进步和繁荣而英勇奋斗。从伟大的思想家教育家孔子到统一全国的千古一帝秦始皇，从秉笔直书著《史记》的司马

◆ 中华爱国人物故事

迁到鞠躬尽瘁死而后已的诸葛亮,从伟大的浪漫主义诗人李白到精忠报国的民族英雄岳飞,从七下西洋传播友谊的郑和到抗击倭寇的民族英雄戚继光,从苟利国家生死以的林则徐到为变法流血的第一人谭嗣同,从威震敌胆的抗联将军杨靖宇到人民音乐家聂耳与冼星海,从踏遍青山人未老的李四光到万婴之母林巧稚,从县委书记的好榜样焦裕禄到情系雪域献身高原的孔繁森……都表现出了强烈的爱国主义精神。正是由于热爱祖国的人们前仆后继地奋斗,国家和民族才得以生存,历经一次次历史危急关头而能转危为安,走向兴盛和富强,从而屹立于世界民族之林。爱国主义是鼓舞中华儿女历经忧患、跨越沧桑、百折不挠、自强不息的伟大力量,它贯穿于中华民族的整个历史,并有力

总序

地凝聚着五洲四海的中国人。

爱国主义是一个历史的范畴,在社会发展的不同阶段、不同时期有着不同的具体内容。革命时期,需要我们为祖国的独立自主出生入死;建设时期,需要我们为祖国的繁荣富强增砖添瓦;在全国各族人民团结一心建设富强、民主、文明、和谐的社会主义现代化国家的今天,我们要争做一名新时期的爱国者。新时期的爱国者要有强烈的民族自尊心和自豪感。民族自尊心和自豪感是任何时期任何爱国者都必须具备的情感。民族自尊心能增强我们自立向上的恒心,民族自豪感能树立我们建设祖国的信心。要树立"祖国高于一切"的崇高信念,为了祖国和人民的利益不惜抛却个人的利益,甚至不惜牺牲个人的生命。要树立终身学习的理念,拓

◆ 中华爱国人物故事

宽自己的知识面,广泛吸收新知识新技术,完善自身的知识结构,更新学习知识的方法与理念,从思想上、知识上充分武装自己,为祖国的繁荣昌盛贡献力量。

爱国主义思想的继承和发扬,是关系到民族盛衰、国家兴亡的根本问题。一代代人爱国主义思想情操的形成,需要不断地培养。培养爱国主义的一个重要途径是向爱国主义的英雄人物和典范事迹学习。这套丛书的出版,对于人们向英雄和先进人物学习,特别是对于在中小学生中进行爱国主义教育,将可提供一些生动的教材。祝愿此书出版发行成功,为培养"四有"新人做出贡献。

于2011年4月23日

世界读书日

编 委 会

策 划：胡维革　吴铁光
　　　　林　巍　李达豪
主 编：胡维革　邢万生
副主编：贾淑文　吴兰萍
编 委：（按姓氏笔画为序）
　　　　于二辉　门雄甲
　　　　刘士琳　刘文辉
　　　　孙建军　李相梅
　　　　李艳萍　杨九屹
　　　　谷艳秋　陈亚南
　　　　隋　军　韩志国

目录
CONTENTS

◎ 012　迁生龙门

◎ 015　太史世家

◎ 021　受学名师

◎ 026　家徙茂陵

◎ 031　二十漫游

◎ 041　出仕郎中

◎ 045　扈从封禅

◎ 049　负薪塞河

目录
CONTENTS

继任太史 054

制定新历 059

始著史记 064

李陵之祸 068

忍辱负重 080

报任安书 085

史家绝唱 109

迁生龙门

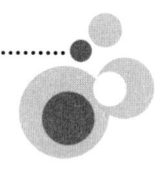

中华民族的历史，源远流长。在这数千年之中，来来往往的人们，在历史之中穿梭，纷纷纭纭的历史，在人群中前行。大江东去，淘去了多少泥沙，也留下了多少沉淀。往来的人们，有的永远死了，有的却永远活着，如他，司马迁！

司马迁，字子长，西汉伟大的历史学家、文学家、思想家。汉武帝建元六年，即公元前135年（另一种说法是司马迁生于汉景帝中元五年，即公元前145年），司马迁生于龙门。龙门即今陕西韩城县北横跨黄河两岸的龙门山，它横跨黄河，双峰对立，据说，龙门是当年大禹治水时为疏导黄河而开凿的。相传在远古的尧舜时代，龙门山将黄河从中截断，挡住了黄河水的去路，致使洪水泛滥成灾，生灵涂炭。尧派鲧去治水，鲧采用堵塞的办法，治了9年也没有成效，尧一怒之下，命令舜将鲧杀了，并命令鲧的儿子禹去继续治水。禹考察了龙门山的地势，决定开凿龙门山，以疏导黄河。龙门山被劈开后，河水畅通无阻，水患日渐平息，人们又过上了安居乐业的生活。从此龙门山也就隔岸相守，犹如两扇大门一样对峙在黄河两岸。黄河在此处水流湍急，奔腾咆哮，气势十分壮观。传说每年都有许多大鲤鱼游集到龙门山下，争先恐后地跃龙门，跳上去的，就变成龙升天了，跳不上去的，只得垂头丧气，抱憾而归，养精蓄锐，以待来年再试。民间广为流传的"鲤鱼跳龙门"的故事，

司马迁雕像

就是由此而来。龙门山在人们心目中,不仅高大巍峨,而且充满了神话色彩。司马迁在《太史公自序》中自述"迁生龙门",语气充满自豪感,表现了他对故里雄伟山川的热爱,引"龙门"以重桑梓的意义是鲜明的。

太史祠内的石刻

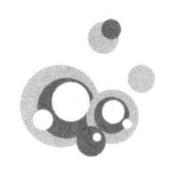

太史世家

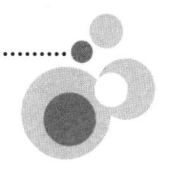

司马迁和《史记》所取得的伟大成就，同他出身的太史世家有着密切的关系。据《史记·太史公自序》记载，司马迁的祖先，最早可上溯到传说时代颛顼时的重黎氏。重黎氏担任"火正"官职，专门掌管地上的事情，与专门掌管天上事情的"南正"官职在分工上有所不同。在周宣王时代，重黎氏的后人程伯休父失去了重黎氏世代相传的职守，担任"司马"官职，从此便以官为氏，称司马氏。

司马迁在《自序》中引这一渺茫的传说，是为着表明自己的家世是一个悠久的"史官世家"。只是到了春秋战国时期，由于时局纷乱，曾经中断了很长时间，一直到了司马迁的父亲司马谈，才重新开始了司马家族的"史官"世业。史官虽不十分显要，但其家族世代掌管太史的官职。在他们的心目中，修史是一项崇高的事业。

他们为此奉献了自己一生的精力。

　　司马谈生活在西汉王朝的文帝、景帝时代，他学识渊博，自小就立志出任史官，献身于史学方面的事业。古代的史官叫作"太史"，是掌管历史与天文的官职，秩禄是六百石，与下大夫和县令的秩禄相当。司马谈当时以一个史学家和天文家的身份在朝廷担任官职。

　　汉武帝建元年间（公元前140年—公元前135年），司马谈终于如愿以偿，做了"太史令"，从此一步一步实现他献身史学的理想。

司马谈夫妇

但是，随着社会经济的发展和封建政权的巩固，封建统治者对内需要加强中央集权的专制统治，对外需要反击匈奴的掠夺侵扰，因而已不再满足于"无为而治""与民休息"的统治办法，到汉武帝时，一代儒学大师——董仲舒的学说被采纳，其思想代替黄老思想而成了当时的统治思想。持黄老思想的司马谈常常感到很压抑、苦闷，但他并未因此而放弃自己的观点，在其文章《论六家要旨》中，司马谈对阴阳、儒、墨、名、法、道六家的学说分别进行了评述，大力推崇道家思想。思想上与当时统治思想的背离也并没有使司马谈放弃献身史学的理想，一方面，他跟随汉武帝参加各种祭祀典礼，并和祠官宽舒共同制定了祭祀后土的仪式，履行他作为"太史令"的职责；一方面，他抽时间整理古籍古史。在整理过程中，司马谈常常感叹自孔子之后，史事零乱，无人著述，因而撰述历史逐渐成了司马谈的夙愿。

司马谈致力于史学的态度自然也影响到了他的儿子——司马迁。司马谈对儿子寄予了很大的希望，他希望司马迁能继承自己的事业，当上史官，为社会的史学事业做贡献。因而在司马迁很小的时候，就督促司马迁学习以历史为主的知识。

有关司马迁童年时代的生活，流传下来的资料很少，唯有《自序》中所述的"耕牧河山之阳"。古人称"河之

少年司马迁

北，山之南"为"阳"，芝川镇正在龙门山南。司马迁从六世祖先以来，世代为官，父亲又任汉太史令，他怎会在童年时代有过在山河之间耕作、放牧的经历呢？这种情况的原因我们不得而知，但在龙门山下，司马迁感受壮丽山川的恩赐，面对秀丽山川，耳闻种种历史故事和龙门山神话传说，引起他无数天真的遐想。可以说，"耕牧河山之阳"的日子同他后来的成长不能脱离干系，或许由于某些特殊的情趣，因此被他写入《自序》之中。

同样，他的少年时代资料亦少有流传，《自序》中也只是写了："年十岁，则诵古文"几个字而已。像司马迁所出身的这样一个家庭，父亲又担任汉太史令，学识渊博，精通历史和天文历法，他童年时代虽然有过"耕牧"的经历，但他的读书识字、写字的学童生活，早在童年时代已经开始。事实上不仅是开始，而是在10岁以前已经阅读了包括"经书"在内的大量古书。这对于司马迁这样出身的学童来说,应属于正常现象。《汉书·艺文志》也曾对司马迁所处时代的学童生活有生动记载。其言曰:

古者八岁入小学,故《周官》保氏掌养国子,教之六书,谓象形、象事、象意、象声、转注、假借,造字之本也。汉兴,萧何草律,亦著其法,曰:"太史试学童,能讽书九千字以上,乃得为吏。又以六体试之,课最者以为尚书御史、史书令史。吏民上书,字或不正,辄举劾。"六体者,古文、奇字、篆书、隶书、缪篆、虫书,皆所以通知古今文字,摹印章,书幡信也。

太史祠砖砌牌坊,上题"河山之阳"4字,语出《太史公自序》中的"迁生龙门,耕牧河山之阳"。

中华爱国人物故事
ZHONGHUA AIGUO RENWU GUSHI

司马迁塑像

在汉朝的时候，小学教授学童识六书，习六体。一个学童想步入仕途，还必须能背诵一些制度条文，并能"推演发挥"其精义，而且还要会写9000个字，才可以当县或郡的一个文书。在当时，如果还会"八体"的书写，县就可以推荐到郡，郡又推荐到太史，太史把上述科目检验一下，最优秀的就可以做尚书、御史等官。在当时，无论官吏或老百姓上书，文字如果写得不正确，还要受到弹劾。汉武帝时，"[石]建为郎中令，书奏事，事下，建读之曰：'误书，马者与尾当五，今乃四，不足一，上谴死矣！'甚惶恐"。可见，一个字写得不正确，竟可能因此而丢掉性命。在这样重视文字的官僚制度之下，对于一个学童来说，负担是相当重的。

在司马谈做了太史令的这一年，司马迁随父亲来到了长安，从此，他的生活进入了一个新阶段。

受学名师

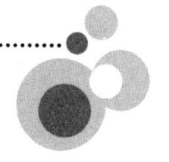

司马迁在10岁左右随同父亲来到都城长安。长安一片繁华景象，金碧辉煌的建筑星罗棋布，街道上人来人往熙熙攘攘，各种叫卖声此起彼伏……小司马迁对这一切都充满了好奇和向往，孩童天然的贪玩之心也使他对

司马迁画像

一些游艺场所跃跃欲试，但是在父亲严格的督促和教诲下，他排除了一切外来诱惑的干扰，一心一意地学习。

　　长安人才云集，这就为他拜访名师求学提供了极为便利的条件。当时，今文学派的经学大师是著名的董仲舒，这个人专门研究孔子的《春秋》一书，提出了许多维护封建专制制度的理论，很推崇孔子，对孔子的学说作了许多新的解释，为当时政治服务，在当时的学术界地位很高，汉武帝很欣赏他。司马迁是否曾拜董仲舒为

董仲舒像

董仲舒画像

师，史书上未有详细记载，但董仲舒的《春秋》学说对青年司马迁有很大的影响则是事实。后来司马迁效法孔子作《春秋》而作《史记》，便同他青年时期所受到的这种影响有关。

司马迁拜孔安国博士学习古文《尚书》，见于《汉书·儒林传》的记载。孔安国是鲁都曲阜人，字子国，孔子第十二世孙，武帝时官为谏议大夫，临淮太守，当时古文学派的经学大师，为古文《尚书》作过注释，称《尚书孔安国传》，这部书后来失传了。司马迁作《史记》时引用《尚书》中的《尧典》《禹贡》《洪范》《微子》《金縢》等篇的史料，便是采用孔安国所注释的古文《尚

书》的说法。

西汉时期经学上的今文学派和古文学派，各有自己的长处和短处。司马迁兼学今文学派与古文学派两位大师董仲舒、孔安国的《春秋》学说和《尚书》学说，取其所长，这使他在青年时代便汲取了当时学术上的精华，从而丰富了自己的学术思想，为初步形成自己的学术体系打下了坚实的基础。勤奋刻苦的司马迁，在良师的指导下，学识越来越广博，成为远近闻名的才子。他深厚的学术功底，使他具备了入仕的条件，更使他成了一个年轻博学的人才。

在长安拜师求学的10年间，司马迁除了接受董仲舒和孔安国的学说外，又读了大量其他的经书和其他先秦典籍。他父亲任太史令，为他阅读各种书籍提供了极大的方便。后来他写作《史记》时所需的基础知识，便是在这10年间所学得的。

司马迁在长安求学的10年，正是汉武帝的"文治武功"大放异彩的10年：

公元前121年，司马迁15岁。这一年，青年将军霍去病大败匈奴，在河西走廊设立了武威、张掖、酒泉、敦煌4郡。

公元前120年，司马迁16岁。这一年，汉武帝开始设立乐府，由大文学家司马相如作词，大音乐家李延年制谱并领导演奏。

公元前119年，司马迁17岁。这一年，卫青、霍去病率领几十万大军，北击匈奴并取得了决定性的胜利，彻底消除了西汉建国以来匈奴对北部边防的威胁。这一年，张骞奉命第二次出使西域并获得成功，西汉王朝同西域各国在政治、经济和文化方面建立了密切的友好往来关系。

事实表明，司马迁的青少年时代，正是汉武帝盛世的巅峰时期。汉帝国经济文化上的繁荣和汉武帝的文治武功，给青年司马迁的感受之深是可以想见的。司马迁正是在这样一个千载难逢、得天独厚的时代里，从前辈那里接受了渊博的知识；而汉帝国的昌盛繁荣又陶冶了他的性情，使他树立起了报效时代的伟大理想。总之，名师受业和这个伟大的时代，为他成为伟大的史学家并写出不朽的《史记》，提供了必不可少的条件。

家徙茂陵

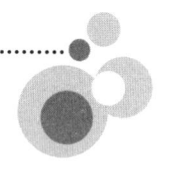

公元前139年，汉武帝开始建造自己的陵园，地址选在他母亲王太后的原籍槐里县（今陕西兴平市东南）茂乡，并把茂乡改为一个县，叫茂陵。第二年，汉武帝鼓励人民迁往茂陵，凡是自愿迁移到茂陵居住的人家，每户赏赐钱二十万、田二顷，如此丰厚的待遇，吸引了不少人往茂陵迁移。此外，汉武帝又在渭水上面架起一座便门桥，连通长安和茂陵，方便了两地之间的联系，茂陵逐渐繁盛起来。

公元前127年，汉武帝采纳了说客主父偃的建议，"徙郡国豪杰及皆三百万以上于茂陵"。主父偃建言说："茂陵初立，天下豪杰兼并之家，乱众民，皆可徙茂陵，内实京师，外销奸猾，此所谓不诛而害除。"这一建言，不仅有利于茂陵的繁荣兴盛，而且更有利于汉武帝加强对豪强地主的管制，所以西汉王朝雷厉风行地执行。

汉武帝画像

　　织县（今河南济源市）人郭解，家庭资产达不到迁徙的规定。但他是有名的豪侠，也被举迁徙。大将军卫青给郭解说情，说他家贫不符合迁徙条件。汉武帝驳回，说："布衣权至使将军为言，此其家不贫。"于是郭解被徙茂陵。地方士大夫集资送行，不下千余万。郭解到了关中，京师地区的士大夫，争先恐后地结交郭解。由此可见，郭解名声，倾动朝野。这无疑惊动了朝廷，把郭解列入严惩对象。这时郭解的侄儿杀了织县一个文吏，那人是地方绅士杨季主的儿子。不久，杨季主也遭杀害。

杨季主的家人上书朝廷，又被郭解的追随者所杀，这使得朝廷震怒，下令通缉郭解。郭解闻讯，把母亲和妻子隐藏在夏阳，然后自己逃出临晋关到太原。郭解沿途止宿，不改名姓，人们争相接待。结果逮捕公人跟踪追缉。临晋一个叫籍少公的人，为了保护郭解，自杀绝口，追踪公人断了线索，郭解得以脱身。公元前126年春，汉武帝发布大赦令，郭解重新抛头露面，才被抓获。既然郭解没有亲自杀人，又在大赦前，因此郭解最终还是被释放。

第二年，汉武帝又派专使调查郭解案情，这时却听见有人称誉郭解。有儒生反驳道："郭解为非作歹，怎么能说是好人呢？"不久，儒生被拥护郭解之人所杀，且被割下舌头。这下被刚刚上任的御史大夫公孙弘抓住了口实，他说："郭解是一个普通的老百姓，专门管人家闲事，横行乡里，翻脸不认人。这一杀人案他虽不知情，可是比他亲手杀人的罪过还大，该当按'大逆不道'论处。"于是汉武帝就族灭了郭解一家。

郭解的故事对司马迁的影响是无形的，却是极深刻的。后来司马迁写《游侠列传》时，歌颂了这样一个专和王法作对的游侠，并歌颂一切游侠，竟至于否定了传统的封建阶级道德，这实在是一切封建阶级及士大夫们所想象不到的。

至于游侠,"其行虽不轨于正义,然其言必信,其行必果,已诺必诚,不爱其躯,赴士之厄困。既以存亡死生矣,而不矜其能,羞伐其德,盖亦有足多者焉"。这说明游侠虽不合乎正统的封建道德,但对下层人民很讲"仁义",很有道德。游侠的出现与活动,是封建社会法制瓦解、匹夫抗愤的一种形式。游侠为受压迫、受冤屈的下层人民伸张正义,而不惜牺牲性命,司马迁歌颂他们,表现了他同情广大人民的反暴愿望,这是应当肯定的。

在汉武帝鼓励人民、继而强迫豪强迁徙茂陵的形式之下,司马迁一家也不知是何原因、是何年迁徙至此,可能是因为司马谈在茂陵初建时期

做官于长安，长期侍从武帝的关系，也可能是后期才移家茂陵的，因为在这时，迁徙茂陵已成为封建王朝的政治压迫，司马谈虽不是郡国豪强而是王朝官吏，但为了职务上的方便，也便移家来此。不管因何缘由，迁居茂陵的所闻所见，都对司马迁的思想产生了前所未有的冲击。后来到了司马迁50岁的时候，汉武帝又一次"徙郡国吏民豪杰于茂陵、云陵（今陕西淳化县北）"，这时茂陵"户六万一千八十七，口二十七万七千二百七十七"，约占右扶风二十一县户口的三分之一，它已成为一个有名的、以贵族游苑和豪强集中为特征的、很大的城市了。

司马迁祠

二十漫游

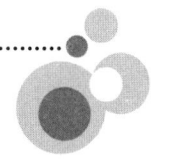

公元前126年，司马迁20岁。在父亲的鼓励和支持下，怀着继承祖辈史官事业的志向，他暂时停止了对古文、经传的攻读，开始访游名山名川，考察各地的风土人情，搜集各方面的历史材料。

古代旅行，交通不便，困难重重。司马迁壮游是经过深思熟虑和长期准备的，《太史公自序》也慎重作了特别醒目的记载。司马迁说：

二十而南游江淮，上会稽，探禹穴，窥九疑，浮于沅、湘；北涉汶、泗，讲业齐、鲁之都，观孔子之遗风，乡射邹、峄；厄困鄱、薛、彭城，过梁、楚以归。

这段话，司马迁把二十壮游的动机说得十分明白，那就是他不满足于"天下遗文古事，靡不毕集太史公"的书本知识，有目的有计划地到广阔的社会中去作实地考察，接触伟大祖国大一统的壮丽河山和四方之民的生

活习俗，了解和搜求古代和近代、现代的历史传说故事及各种史料。《太史公自序》称之为"网罗天下放失旧闻"，王国维《太史公行年考》称之为"宦学之游"，是十分精当的。

司马迁壮游动机，在古史文献中也有记载。《太平御览》卷二百三十五引卫宏《汉旧仪》说："司马迁父谈世为太史，迁年十三，使乘传行天下，求古诸侯之史记。"《西京杂记》卷六文略同。这个故事是卫宏记载的传闻，从年龄上说与《太史公自序》云"二十而南游"不符，不可尽信。但这个传闻与《自序》中所说"网罗天下放失旧闻"的目的相合，引人深思。它说明司马迁壮游可能是在司马谈决策和指导下进行的，也是父亲对儿子的

司马迁画像

一场考验。司马迁圆满地完成了这次学术旅行，读无字之书，禀山川豪气，求得了许多闻所未闻的知识，故在《史记》许多篇章的论赞中一再论及漫游及收获。

《五帝本纪赞》："余尝西至空桐，北过涿鹿，东渐于海，南浮江淮，至长老皆各往往称黄帝、尧、舜之处，风教固殊焉。"

《河渠书赞》："余南登庐山，观禹疏九江，遂至于会稽太湟，上姑苏，望五湖；东窥洛汭、大邳，迎河，行淮、泗、济、漯洛渠；西瞻蜀之岷山及离碓；北自龙门至于朔方。曰：甚哉，水之为利害也！"

《魏世家赞》："吾适故大梁之墟，墟中人曰：'秦之破梁，引河沟而灌大梁，三月城坏，王请降，遂灭魏。'"

《孔子世家赞》："适鲁，观仲尼庙堂车服礼器，诸生以时习礼其家，余祗回留之不能去云。"

《孟尝君列传赞》："吾尝过薛，其俗闾里率多暴桀子弟，与邹、鲁殊。问其故，曰：'孟尝君招致天下任侠，奸人入薛中盖六万余家矣。'世传孟尝君好客自喜，名不虚矣。"

《魏公子列传赞》："吾过大梁之墟，求问其所谓夷门。夷门者，城之东门也。"

《春申君列传赞》："吾适楚观春申君故城，宫室盛

深思高举洁白清忠
汨罗江上万古悲风

屈原画像

矣哉!"《屈原贾生列传赞》:"适长沙,观屈原所自沈渊,未尝不垂涕,想见其为人。"

《淮阴侯列传赞》:"吾如淮阴,淮阴人为余言,韩信葬母,'行营高敞地,令其旁可置万家'。余视其母家,良然。"

《樊郦滕灌列传赞》:"吾适丰、沛,问其遗老,观故萧、曹、樊哙、滕公之家,及其素,异哉所闻!"

《龟策列传》:"余至江南,观其行事,问其长老,云龟千岁乃游莲叶之上,蓍百茎共一根。"

从上述资料可以看出,司马迁壮游范围重点在南方,故自述为"二十而南游江淮"。对司马迁的壮游路线,王国维《太史公行年考》首次作了描绘:"司马迁从京师长安出发东南行,出武关至宛。南下襄樊到江陵。渡江,溯沅水至湘西，然后折向东南到九嶷。窥九嶷后北上长沙，到汨罗江屈原沉渊处凭吊，越洞庭，出长江，顺流东下。登庐山，观禹疏九江，辗转到钱塘。上会稽，探禹穴。还吴游观春申君宫室。上姑苏，望五湖。之后，北上渡江，过淮阴，至临淄、曲阜，考察了齐鲁地区文化，观孔子留下的遗风，受困于鄱、薛、彭城，然后沿着秦汉之际风起云涌的历史人物故乡，楚汉相争的战场，经彭城，历沛、丰、砀、睢阳，至梁（今河南开封），回到长安。以今地言之，司马迁壮游，跨越了陕、鄂、湘、赣、苏、浙、皖、鲁、豫九省区，行程近三万里，历时约二三年。"

读书，只能获得理性知识；跋山涉水，行路万里，到社会生活的海洋中领略浩渺风烟，读无字之书，得到的是真情感受和实践知识。凡大有为之人，都应该走出去，与黎民大众共呼吸。两千年前的司马迁，懂得读无字之书的为学宗旨，身体力行，走入社会，观其行事，问其长老，问墟中人，问遗老，步往古圣哲遗迹，想见其为人，徘徊祗回，不能离去。司马迁是那样的忘情，故能在书中有强烈的反映。《史记》卷首《五帝本纪》写五帝巡狩，极为精彩，可与《太史公自序》中所述壮游前后照映。在对照中，可以引起我们的深思与联想，从而去体察司马迁壮游的意义。司马迁写黄帝："东至于海，登凡山，及岱宗；西至于空桐，登鸡头；南至于江，登熊、湘；北逐獯鬻，合符釜山，而邑于涿鹿之阿。"写颛顼："北至于幽陵，南至于交阯，西至于流沙，东至于蟠木。"写舜摄政："五岁一巡狩。"舜践位后，更是孜孜巡游，考察民情，励精图治，"崩于苍梧之野"，以身殉职在南巡途中。写夏禹："帝禹东巡狩，至于会稽而崩。"上古帝王，贤圣爱民，在司马迁笔下生动活现，表现了作者司马迁对人民的深厚感情。

《秦始皇本纪》写"履至尊而制六合"的秦始皇出游，浩浩荡荡，巡行天下，刻石颂功，自鸣得意，活画专制帝王的气势和声威；《封禅书》写汉武帝的巡幸求仙，愚昧虔诚，表达讥刺寓讽的感情，来自扈从之游的体察，自然是入木三分。

司马迁的视野，并非只去捕捉帝王巡狩、巡幸的足迹。那屈原的行吟泽畔，那贾谊的湘水凭吊，那孔孟的周游天下，那战国四公子的好客养士，那侯嬴所居夷门，那毛公、薛公藏身的酒市，那陈涉的鸿鹄之志，那张良的锥刺秦始皇，那韩信少时的落拓，那楚汉风云人物的际会，那江南民间的养龟导引，那乡间黎民的俚语风俗，都一一摄入了司马迁二十壮游的广角镜头中。司马迁困厄鄱、薛、彭城，也许如圣人孔子之断粮，也许是病困，也许是受劫持，总之他经历了艰辛与危险，但也从社会的书府中获得了丰硕的回报。司马迁在《周本纪赞》中说："学者皆称周伐纣，居洛邑，综其实不然。武王营之，成王使召公卜居，居九鼎焉，而周复都丰、镐。至犬戎败幽王，周乃东徙洛邑。所谓'周公葬于毕'，毕在镐东南杜中。"在金石契刻和简牍书写的古代，知识的积累与传播受到很大的限制。因此，西汉学者对殷周之际的历史已不甚了了，认为武王定都洛邑，司马迁对此作了廓清，他使用了文献记载与实地考察相结合的考证方法，有重大的意义。

司马迁"浮于沅、湘"，追寻屈原的足迹，思考古往今来的历史变迁，想着屈原的为人，禁不住悲伤流涕。

"高山仰止"，比喻司马迁德高望重，世人敬仰。

司马迁在长沙还凭吊了贾谊的遗迹，感到他的遭遇和屈原相似，后来写了《屈原贾生列传》，创造了把不同时代人物合传的形式，这是历史比较法的雏形，《史记》中的类传则是历史比较法的集中表现。这种使《史记》别开生面的方法，大约就是司马迁在壮游过程中受到民间传说的启发而孕育成的。最值得称赞的是，司马迁在淮北对近现代史作了深入细致的寻访调查，比如陈涉少为庸耕有鸿鹄之志的慨叹，刘邦青年时的种种无赖，樊哙屠狗，曹参为狱掾，萧何为主吏，张良亡下邳，陈平为社宰，周勃织薄曲，韩信贫居葬母高敞地，少时受胯下之辱等等故事，都是档案记载"异哉所闻"的知识。两千年前的司马迁具有这样的求实求真的实践精神，真是难能可贵。

司马迁的游历考察，兼有历史家和文学家的兴趣。对于历史事件，大至秦始皇的破魏战争，小至战国时的一个城门名字，他都要力求掌握第一手的资料。至于山川地理，古今战场更是了然胸中。顾炎武说："秦汉之际，兵所出入之途，曲折变化，唯太史公序之如指掌。山川郡国不易明，故曰东曰西曰南曰北，一言之下，而形势了然。盖自古史书兵事地形之详，未有过此者。太史公胸中固有一天下之势，非后代书生之所能讥也。"这是司马迁在史事方面所得游历之助。苏辙云："太史公行天下，周览四海名山大川，与燕赵间豪俊交游，故其文疏荡，颇有奇气。岂尝执笔学力如此之文哉，其气充乎其中而溢乎其貌，动乎其言，见乎其文，而不自知也。"这是司马迁在文章辞采风格方面所得游历之助。总之，司马迁二十壮游，不仅使他获得了广博的社会知识，搜求了遗文古事；而且开阔了视野，扩展了胸怀，增长了他的识见和才干。这是《史记》成功的条件之一。

史书所记"过梁、楚以归"则表明，这是司马迁这次漫游的最后一段行程。大约在22岁的前后，司马迁漫游回到长安。这次漫游，对于司马迁来说是一个壮举，

项羽举鼎塑像

也是一次创举，这是他的学习和实践。他遍历名山大川，饱览了祖国山河的壮美，陶冶了性情，从而也提高了他的文学表现力。他游历了祖国的广阔山河，接触了各地的风土人情、历史传说、历史资料，亲自考察了历史遗迹，知道了许多历史人物的逸闻轶事，了解了许多地方的经济和生活，获得了许多第一手材料，他的收获不但丰富，而且宝贵。正所谓读万卷书，行万里路，这一里程碑式的漫游，无疑为整理《史记》这一历史巨著打下了坚实的基础，同时保证了《史记》的真实性和科学性。

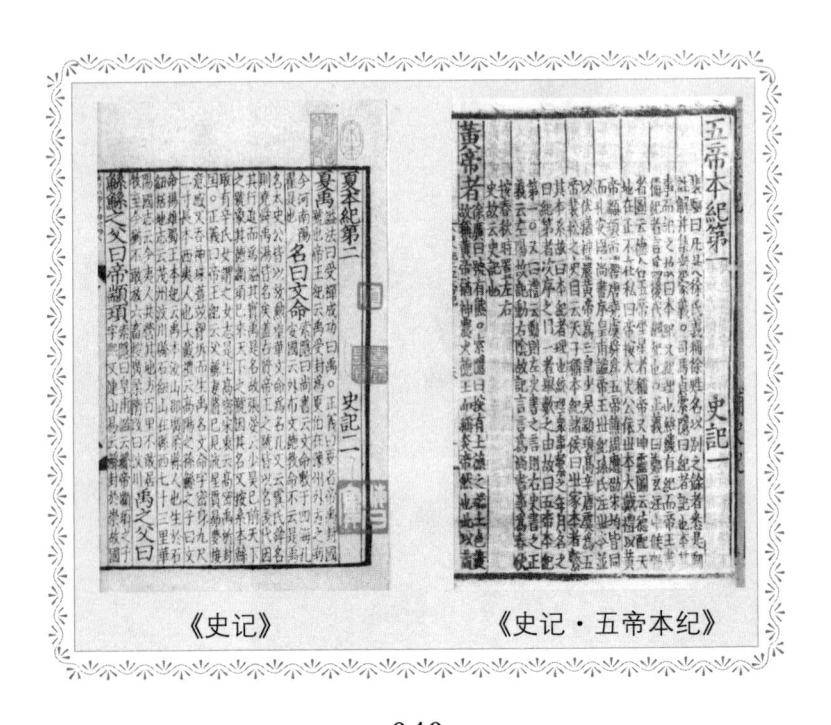

《史记》　　　　　《史记·五帝本纪》

出仕郎中

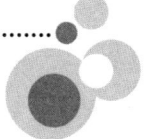

远游归来的司马迁，不久就步入仕途，做了一名郎中。郎中是汉王朝宫廷内部庞大官僚体制中很小的一个官。就郎官体系来说，汉朝郎官系统有议郎、中郎、侍郎、郎中四级。议郎、中郎秩比六百石，侍郎比四百石，郎中比三百石。郎官无定员，可多至上千人，职务是"掌守门户，出充车骑"，皇帝不出去的时候，他们是宫门武装执戟的护卫，出行时就担任皇帝车驾的侍从，保护皇帝的安全。官虽然很小，不足挂齿，但可以借职务之便经常接近皇上，算得上是皇帝的亲信，这倒是令许多人向往，被人们视为出仕的正途。在西汉初年，还是出仕的最主要途径。

汉朝的时候要成为郎中，一般来说有两种途径。公元前124年以前，只要是父亲的官职俸禄在二千石以上的，就可以被选送去做郎中，因此富贵家的子弟成为郎

中里的主要部分，平民和芝麻小官的子弟都是没有机会做郎中的。司马迁不具备这样的条件，那么为何又称郎中呢？《报任安书》有明确说明。司马迁说："仆赖先人绪业，得待罪辇毂下二十余年矣。"又说："主上幸以先人之故，使得奉薄技，出入周卫之中。"绪业，即余业。《汉书·杨恽传》载杨恽《报孙会宗书》，称自己为郎是"幸赖先人余业得备宿卫"，可为此佐证。司马迁靠父亲的荫庇，得仕为郎。司马迁父司马谈为太史令，秩六百石，不是二千石高官，司马迁得以荫庇，算是破例，尽管郎中只是低级郎官，但已经很荣耀了。元狩五年孔安国为谏大夫。司马迁是孔安国私淑弟子。元狩五年选郎官，司马迁得到老师的推荐，亦在情理中。

作为皇帝的侍从，当皇帝四处巡游的时候当然也得

韩城太史祠

汉太史司马迁祠墓

跟着。皇帝走到哪里，他就得跟到哪里。汉武帝一向喜欢到各地巡游，跟随皇帝跋山涉水，并不是什么很好玩的事，稍不小心，就会掉了脑袋，但是司马迁对此却很感兴趣，他可以利用这个机会去考察更多的地方、收集更多的资料，在履行自己职责的同时，也能完成自己的心愿。

公元前112年，司马迁24岁。这一年，汉武帝临雍（今陕西扶风县），又西行越过陇山，到达甘肃的平凉以西，登空峒山，据说这是黄帝登过的地方。司马迁这次以郎中的身份护驾西行，所以他在《史记·五帝本纪》中说："余尝西至空峒"。

公元前111年，司马迁25岁。这一年，他奉汉武帝

之命出使巴、蜀、滇中，从四川宜宾经邛筰（今西昌）到达云南昆明市。他代表西汉政府去视察和安抚西南各少数民族。所以司马迁在《太史公自序》中赫然大书："于是迁仕为郎中。奉使西征巴、蜀以南，南略邛、筰、昆明，还报命。"这次奉使西南少数民族地区的所闻所见，为他后来撰写《西南夷列传》积累了宝贵的资料。

公元前110年，司马迁26岁。这一年，他随从汉武帝到泰山封禅，然后由海上到达现在辽宁的锦县，经河北承德市、五原，然后回到长安，行程一万八千里。

公元前106年，司马迁30岁。这一年，汉武帝南巡至九嶷山，经安徽返回长安，司马迁随从南巡。

多次随从汉武帝巡行天下以及之前的漫游生活，使司马迁的足迹遍布汉帝国的版图。他搜寻历史上的传说与故事，考察历史留下的著名遗迹，亲自向所到之处的父老进行调查访问，这些耳闻目睹所得来的大量资料，同他阅读典籍所掌握的资料相互印证和结合，使得中华大地上几千年来所发生的大事，尽在他的胸怀之中。

司马迁祠远景

扈从封禅

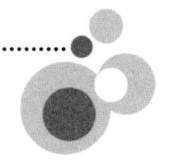

西南地区各部落纷纷臣服汉朝，北方匈奴之势已日落西山，"文景之治"的繁荣景象依旧在延续，疆域的扩大、政治的稳定、经济的繁荣、文化的广泛传播，这一切都使得汉武帝封禅大礼的举行成为必然。

封禅是一种极为隆重的祭祀天地的仪式，封禅仪式之后，就表明自己是受命于天的至尊，因而这种仪式历来为各朝皇帝所重视。"封"和"禅"是两种不同的祭祀方法，在泰山顶上筑坛祭天，就叫作"封"，在泰山底下的小山上辟地祭地，就叫作"禅"。汉高祖时，因为汉朝初建，政局还不稳定，匈奴又不时骚扰边境，汉高祖刘邦忙于诛杀功臣，忙于与匈奴周旋、妥协，没功夫考虑行封禅大礼的问题，而文帝、景帝为人仁厚、体谅民众，也不愿劳师动众，到泰山去行封禅大礼，况且文帝、景帝时期，黄老思想占主导，这两位贤帝对封禅之事也并不重视。但是到了武帝就不一样了，武帝好讲排场，好歌功颂德，祭祀天地的事他很少间断，况且现在国力强盛、政局稳定、边疆安宁，怎么能忽略封禅这一大礼呢？

在大臣们的不断怂恿下，汉武帝举行封禅大典的欲望越来越强烈了。他命令儒生们筹备封禅的事宜，准备封禅。

公元前116年夏六月，汾水附近挖出了一个大鼎，上面雕刻着各种花纹，还有一些怪异的文字，当地太守把这个消息报了上去，汉武帝对此大鼎的出现颇有些奇怪，找了挖掘者来查问，见并无奸诈，于是用隆重的仪式把大鼎抬到了甘泉。汉武帝亲自将大鼎察看了一遍，对大鼎宏伟的构造、怪异的花纹图案、神秘莫测的文字暗暗称奇，以为这是一个神物，于是想把这个鼎运到长安去，运输途中出现了怪异现象，有黄云浮在鼎的上空，一种叫作麋的珍稀动物从鼎旁穿过，汉武帝亲自射下了，用来祭黄云。自此，这个大鼎在汉武帝及群臣心中更加神秘了。到长安之后，朝中上下对它更是议论纷纷，均认为这是一个宝鼎，是汉武帝的贤德惊动了上天，才使得这个"符瑞"出现。大臣们纷纷对汉武帝歌功颂德，劝汉武帝马上祭祀天地，举行封禅大礼。司马相如临死的时候还对封禅之事念念不忘，在遗书中"颂功德、言符瑞"，劝汉武帝封禅。

秉笔直书著述《史记》的司马迁
BINGBI ZHISHU ZHUSHU SHIJI DE SIMA QIAN

　　司马古道，原名韩奕坡，后因司马迁祠建于北侧又称司马坡。据传其最早修建于春秋战国时期，为晋（魏）国的河西要道。秦王朝建立以后，为韩城及其周边地区通往长安的必经之路。现存石条为北宋时铺设，原长1500米，现仅存300余米。历经800余年的雨水冲刷、风化及人走车碾，昔日平整的石条已凹凸不平。

皇帝封禅，事关重大，儒生们哪敢草率，又是查古书，又是引用古制的，各抒己见，几年过去了，也没弄出个头绪来。汉武帝干脆自己制造了一套封禅祠器给儒生们看，儒生们又说同古代的不一样，不能用于封禅大典，汉武帝大为恼怒，"尽罢诸儒不用"。后来儿宽建议说："享荐之义，不著于经，唯圣主所由，制定其当，非群之所能列。"于是汉武帝就自己制定了封禅礼仪。

礼仪既然制定妥当了，封禅的事就该一步一步来实行了。按照古制，封禅先要罢兵，汉武帝于是率领十余万大军，招展了千余里的旌旗，浩浩荡荡地越过长城，到了五原、归绥，在边境耀武扬威，把匈奴震慑了一番。然后到了陕西的中部县，在桥山祭祀黄帝。传说中的黄帝坟墓就在桥山，汉武帝问左右："黄帝不是成仙了吗？怎么会有坟墓呢？"臣子们答道："黄帝已经成仙上天了，这里葬的是他的衣冠。"汉武帝对成仙的向往顿时又添几分。

随后，这一行人马东下，东巡海上，礼拜嵩山，然后东上泰山，准备去正式封禅。

负薪塞河

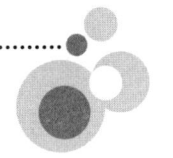

　　黄河是中华民族的摇篮,但它也给人们带来了水患。历史上它曾多次决口横流,泛滥成灾。提起黄河,旧时人们不寒而栗。历代统治王朝所耗费治黄的人力、物力不可胜计。中国古代封建王朝,大规模兴修水利是从汉武帝开始的,通渭,引汾,开褒斜道,穿洛,塞河,都是这一时期进行的水利大工程。塞河最为壮观。

　　汉文帝前元十二年(公元前168年),黄河决堤酸

司马坡

枣，东溃金堤。酸枣，汉县名，在今河南延津西南。金堤，又名千里堤，在今河南滑县境内。汉文帝动员了大量的部队和民工进行修治。此后又过了36年，至武帝元光三年（公元前132年），五月丙子（五月初三）河决瓠子。瓠子，古水名，是分黄河水而形成的一条溢洪水道。瓠子分河之口称瓠子口，在今河南濮阳南。汉武帝派汲黯、郑当时等人堵塞。但是，由于外戚武帝舅田蚡的阻挠，堵塞决口的工程被制止。田蚡封地鄃县在河北，河南缺口，河北不受水害。元光四年，虽然田蚡死去，但瓠子缺口一直拖了下来，二十多年没有堵塞好。田蚡以个人的私利，不顾人民死活，身为丞相，反对堵塞黄河缺口，还妄称"天道"以蛊惑汉武帝的治河决心。他的这一丑恶行径，暴露了封建大官僚大地主的贪婪与腐朽。司马迁秉笔直书，给予了无情的鞭挞。

汉武帝封禅泰山，告成功于上帝，因此修冶黄河的工程又被提上了议事日程。公元前109年，武帝派九卿汲仁、光禄大夫郭昌，率领数万徒众修治瓠子口。塞河需要大量的柴薪和木桩。木桩短缺，汉武帝下令砍伐淇县境内的竹苑，以竹代替木桩。柴薪缺少，影响治河工程。元封二年夏四月，汉武帝祠祭泰山回京，亲率百官临赴瓠子口塞河工程现场，令扈从官员自将军以下与士卒，每人负一梱柴薪支援塞河工程。司马迁也背负一梱

司马坡侧面（临黄河一面）

柴薪参加这一伟大的治河工程。

汉武帝亲临黄河岸边，举行了祭河仪式，沉白马玉璧于河。为了激励治河将士与徒工，汉武帝作了"瓠子之歌"以抒悲壮之情，其词曰：

瓠子决兮将奈何，

皓皓旰旰兮闾殚为河！

殚为河兮地不得宁，

功无已时兮吾山平。

吾山平兮巨野溢。

鱼沸郁兮柏冬日。

延道驰兮离常流，

蛟龙骋兮方远游。

归旧川兮神哉沛，

不封禅兮安知外！

为我谓河伯兮何不仁，

泛滥不止兮愁吾人？

啮桑浮兮淮、泗满，

久不反兮水维缓。

河汤汤兮激潺湲，

北渡污兮浚流难。

搴长茭兮沉美玉，

河伯许兮薪不属。

薪不属兮卫人罪，

烧萧条兮噫乎何以御水！

颓林竹兮楗石菑。

宣房塞兮万福来。

数万民众、文武百官经过不懈的努力，终于将为害多年的瓠子口堵住了！整个工地一片欢腾，人们为就要脱离苦海而欢呼不已，司马迁欣喜的泪水也夺眶而出，慈父去世之后，他沉重的心情第一次得到些安慰，他再一次品尝到了劳动之后的甘甜、生活的甘甜。

决口堵住之后，汉武帝在大堤上修建了宣房宫，以纪念这次塞河工程，此后八十多年内，这一带再也没闹过水灾。

司马迁对这次塞河工程是感触很深的，汉武帝的《瓠子之歌》也让他深受感动，他想起自己在祖国各地领略到的湖光山色，考察过的水利工程，不禁十分感叹水利建设的重要性。后来他作了《河渠书》来纪念这次塞河之事。

司马迁画像

继任太史

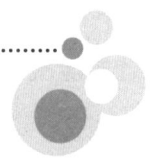

公元前110年,汉武帝东巡,在泰山举行祭祀天地的所谓"封禅"典礼。司马谈作为汉太史令,当然要侍从汉武帝参加这千载难逢的盛典。然而,他却因病留滞周南(即今洛阳市),未能参与,这时司马迁正好从奉使西征的西南夷前线赶回来参加这个稀世大典,行到洛阳,见到了生命垂危的父亲。司马谈在弥留之际,见到了已经成才的儿子司马迁的归来,他仿佛看到了希望,充满了坚定的信念。他激动不已,拉着司马迁的手,伤心地流着眼泪,嘱托后事。司马谈说:

余先周室之太史也。自上世尝显功名于虞夏,典天官事。后世中衰,绝于予乎?汝复为太史,则续吾祖矣。

曾子有言:"鸟之将死,其鸣也哀;人之将死,其言也善。""世传史官的司马氏之业,难道就要断送在我的手里吗?"司马谈发出了悲怆的叹息。

他"执迁手而泣",只有把希望寄托在儿子身上,谆谆教导司马迁要发扬祖德,克尽孝道,继承自己开创的事业,肩负修史之任。司马迁奉使西征,甚得汉武帝恩宠,又值封禅大典,很可能被委以重任,如果这样,那世传的史官之业真的就要断绝了。所以司马谈临终遗言,要求司马迁断仕途之想,一定要继任太史令。司马谈沉痛地继续说:

今天子接千岁之统,封泰山而余不得从行,是命也夫?命也夫!余死,汝必为太史;为太史无忘吾所欲论著矣。

接着,司马谈又以严肃的口吻对司马迁说:

且夫孝始于事亲,中于事君,终于立身。扬名于后世,以显父母,此孝之大者。夫天下称颂周公,言其能

论歌文武之德，宣周邵之风，达太王、王季之思虑，爱及公刘，以尊后稷也。

司马谈以孝道之义教育司马迁。司马谈高度评价了修史的重要意义，不亚于太王、王季、文王、武王、周公、召公等伟大历史人物的创业。

从立身的事业上说，他把修"太史公书"与孔子修《春秋》相比，尽孝、尽忠、立身，这三者的完美统一，是铸造伟大人物品格不可缺少的。司马迁"俯首流涕"，恭敬地听着父亲临终的教诲，已在心中下定决心，一定要完成太史公书。

父子两人的手握得更紧了。这时，司马谈再次强调修史的宗旨和责任。他说：

幽厉之后，王道缺，礼乐衰，孔子修旧起废，论《诗》《书》，作《春秋》，则学者至今则之。自获麟以来四百有余岁，而诸侯相兼，史记放绝。今汉兴，海内一统，明主贤君忠臣死义之士，余为太史而弗论载，废天下之史文，余甚惧焉，汝其念哉！

这是司马谈最后的话语，他以史职、史德要求司马迁像孔子修《春秋》那样，自觉地肩负起历史的使命。"汝其念哉"，要求司马迁牢牢记在心中。

司马迁低着头，流泪呜咽，诚恳地向父亲立下誓言：儿虽不才，但定要把父亲所整理的历史旧闻论述无遗，不敢有所缺失。

听罢儿子的誓言，司马谈慢慢地合上眼睛，与世长辞。

司马迁奉使西征归来，便因父亲病重耽搁在洛阳，还没有向汉武帝复命，再加上他所担任的郎中职务上的关系，不敢再为料理父亲的丧事而耽搁时间，便匆忙赶到山东侍从汉武帝举行"封禅"大礼。然后，又侍从汉武帝北上，经现今辽宁、内蒙古，在长城内外一线巡行一万八千里，才回到都城长安。

在司马谈逝世后的第三年即公元前108年，司马迁已经为父亲服丧3年。汉武帝出于对司马迁这位年轻人学识和才能的了解，又考虑到他出身于太史世家，便令他继任父职，正式做了汉王朝的太史令，父亲的遗愿终于变成了现实。

汉太史司马祠

太史令是六百石一级的官职，每月实领俸禄七十斛，和地方上的县令同级，在汉代的官僚系统中地位虽然是较低的，但总算是属于所谓"卿大夫"一流了。从职务上看，太史令确实比郎中高出许多。但实际上，司马迁却因此而由"内廷"到"外廷"，由皇帝的侍从官变成"近乎卜祝"的普通下级官吏，用司马迁自己的话说，不过是"厕下大夫之列，陪外廷末议"而已。

这个并不被人们看重的官职，对于司马迁来说是很宝贵的。这一职务上的便利，可以使他有条件把父亲的遗志变成现实，在他父亲已经开始了的"论著"的基础上，"悉论先人所次旧闻"，完成撰写史记的重大使命。

太史祠院后面是最高的平台，中央便是司马迁衣冠冢，据说为元世祖忽必烈所建，墓呈圆形，高2米余，周围用青砖砌成，砖墙有砖雕八卦图案和花卉图案16幅。墓顶有古柏一株，树分5杈，如盘龙护顶。

制定新历

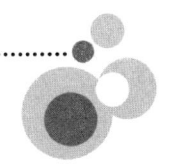

司马迁于公元前108年被任命为太史令，便着手为撰写史记作资料上的整理。当时，国家征集到的藏书，已经很丰富。所谓"天下遗文古事，靡不毕集太史公"，表明司马迁所拥有的资料是很丰富的，但随之而来的对这些资料的整理，又是十分繁重的，是一件辛苦而艰巨的任务。

由于太史令职务上的责任，司马迁仍需要侍从汉武帝巡行天下。公元前107年冬10月随同汉武帝北巡，"通回中道（道路名，南起汧水河谷，北出萧关），遂北出萧关（在今宁夏固原县东南），历独鹿（山名，在今河北涿县西）、鸣泽（泽名，在今河北涿县西），自代（今河北蔚县西南）而还，幸河东（郡名，治所安邑，今山西夏县东北）"；公元前106年冬随同汉武帝南巡，"至于盛唐（在庐江），望祀虞舜于九嶷……春三月还至泰山，增封。……夏四月……还幸甘泉，郊泰畤"；公元前105年冬随同汉武帝北巡,"行幸回中……三月,行幸河东,祠后土"。司马迁因太史令的职务不断侍从武帝出巡,他自己也曾说过:"余从巡祭天地诸神名山川而封禅焉。"

接连不断的侍从出巡,使司马迁整理资料的工作常常被打断。整理古书的工作就在断断续续中持续着,渐渐的,各方面的古籍都理出了个眉目,司马迁正待进一步进行钻研,但是,公元前104年,又一项重大的任务落到了他头上——修改历法。

西汉自建立以来,一直沿用的是秦朝时候的《颛顼历》,"朔晦月见,弦望满亏多非是",很不准确,而且也不符合西汉的实际情况。汉文帝即位不久,太中大夫贾谊就提出改历的建议,却没有受到重视。汉武帝即位后政务繁忙,北疆平定、中央集权的统治巩固、国内太平之后,他想起这件事来,尤其泰山封禅大典之后,他更觉历法修改很有必要。

改定历法,在封建时代是一件大事。早在战国

司马迁塑像

时代，齐国人邹衍提出了"五德终始"的学说。这种学说认为，历史上的改朝是由于木、火、土、金、水这五种物质（又称"五德"）的不断替代、反复循环而决定的。谁要是得到了五德中的一德，谁就是受命天子，就会有相应的"符瑞"和新王朝的出现。这种学说解释历史上的朝代更替，认为黄帝得土德，夏朝得木德，商朝得金德，周朝得火德。秦始皇统一天下，认为周得火德，秦代周，当为水德，宣扬"五德终始"，为维护秦王朝的统治服务。

兒宽像

司马迁与兒宽、公孙卿、壶遂等二十余人，共同推算制定出了新的历法，即汉朝的《太初历》。

司马迁早就认识到《颛顼历》的弊病，在公元前104年同太中大夫公孙卿、壶遂等人向汉武帝上书"言历纪坏废，宜改正朔"。汉武帝令御史大夫兒宽和博士们共同商议此事，他们都说："帝王必改正朔，易服色，所以明受命于天也。"于是，汉武帝正式命令司马迁、公孙卿、

壶遂等二十余名官员和专家参加这一工作。

历法的改定，是国家政治生活中的一件大事，司马迁对此十分谨慎，除了汉武帝指定的公孙卿、壶遂、侍郎尊、大典星射姓等人外，司马迁还邀请了许多在这方面造诣很深的学士专家来参加改历工作，如邓平、司马可、侯宜君、兒宽、洛下闳、唐都等等都被请来了，官府的、民间的，甚至连隐士高人统统被请到了皇宫，参与这一举足轻重的改历工作。几十位专家经过精密推算，在不到一年的时间里，就制定出了新历，即历史上有名的《太初历》。《汉书》中对此历大为称道，说它"晦朔弦望皆最密，日月如合璧，五星如连珠。"其科学、精密程度，已经是远远胜过《颛顼历》了。

公元前104年，汉武帝将新历颁布执行。从封建统治者来说，制定新的历法，易服色，目的是宣传汉王朝的统治是受命于天，蛊惑人民，为维护封建统治服务。另一方面，新的历法克服了旧历法的弊端，这对于从天时方面指导人们从事农业生产活动是有利的。司马迁作为改历工作的主要负责人，他同专家们一道制定的新历法，可以说是为人民做了一件有益的工作。司马迁时逢其遇，不仅参与了封禅礼仪，而且亲自发起并参与改历，这是千载难逢的机遇，可以说这是他人生旅程中值得纪念的一座里程碑。司马迁激动非凡，他在《太史公自序》

中书：

五年而当太初元年，十一月甲子朔旦冬至，天历始改，建于明堂，诸神受纪。据《汉书·武帝纪》载，太初历的颁布，在大初元年五月：夏五月，正历，以正月为岁首，色上黄，数用五，定官名，协音律。

《太初历》对后世影响是深远的，它是我国古代历法变革的一项重大成果，为后来历法的发展打下了良好的基础。其以阴历元月为一年开始的做法，其对晦朔弦望的准确订正，直到现在还被人们采用，可以说，它对中国人的时间观念产生了几千年的影响。《太初历》虽有不尽人意之处，但在当时却是一个飞跃性的进步，司马迁的历史贡献是不可磨灭的。

牌匾

始著史记

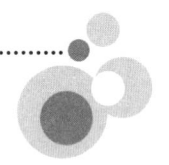

从20岁漫游大江南北算起，司马迁扈从巡游，足迹遍及祖国东南西北，对各地的地形、气候、人情、风俗了如指掌，对各种历史遗闻、历史传说，经过了实地的考证；从10岁诵古文时算起，司马迁师从董仲舒、孔安国，后又得以进入国家藏书处博览群书，古今知识早已烂熟于心；从上古时代到汉武帝的历史发展概况，他也有了个清晰的轮廓。汉朝改制已经完成了，国内太平，是论著历史的时候了！

司马迁始终惦念着父亲临死前说过的话：

"自周公卒五百岁而有孔子。孔子卒后至于今五百岁，有能绍明世，正《易传》，继《春秋》，本《诗》《书》《礼》《乐》之际？"意在斯！意在斯乎！小子何敢让焉。

司马谈认为周公卒后五百年而有孔子。孔子卒后至于今，应该有人继承孔子，宣扬清明盛世的教化，验证、核实《易经》所阐述的幽明变化之理，效法《春秋》述史，依据《诗》《书》《礼》《乐》来衡量一切。司马谈发凡起例，功业未就而与世长辞。如今这副担子落在自己的肩上，一定要实现父亲的遗愿，接续孔子的事业。

司马迁非常推崇孔子，他以效法孔子为己任，把自己所要从事的写作史记，同当年孔子作《春秋》相比拟，事实上他已经把这件事视为时代所赋予他的伟大使命，是自己义不容辞的责任。司马迁把自己的想法告诉了一同制历的好友上大夫壶遂。

于是壶遂向司马迁提出了一个深刻的问题："当年孔

司马迁著书像

子为什么要作《春秋》?"司马迁根据董仲舒的议论回答说:"自周道衰废、诸侯相互攻伐以来,孔子自知自己的言论不被执政者所采用,自己的治国之道,不被执政者所实行,于是作《春秋》来辨别242年间的嫌疑,明是非,定犹豫,寓褒贬,别善恶,存亡国,继绝世,补敝起废。"他拿《春秋》和《易》《礼》《书》《诗》《乐》等经典来比较,认为"《春秋》正是非,故长于治人","拨乱世反之正,莫近于《春秋》"。听了司马迁的议论,壶遂头脑冷静地向司马迁问道:

"孔子所处的时代,上无有明君,四出游说而不被任用,不得已而作《春秋》,从文辞记事中表明礼义,垂范于后世,以为新王的王法。现在,你上遇明君,又得到一定的官职,天下万事都各具条理,皆得其宜,可见已经有王法了。你想要继孔子作《春秋》,究竟想要论明何事?"

壶遂向司马迁所提出的这一友善的警告,意思是说过分强调《春秋》对乱世的作用,又大谈什么继孔子作《春秋》而著史记,岂不是把现实说成是乱世?这不仅会招来大祸,也与汉武帝盛世的实际情况不符。司马迁完全理解壶遂的好意,承认过分强调《春秋》对乱世的作用是片面的,便谦虚地对壶遂说:"你说的话很对,但有的地方并没有完全理解我的意思。接着,又向壶遂解释自己论述史记的目的,称自己的工作是整理故事,而不是创作，不能同孔子作《春秋》相比。事实上，司马迁确实是把自己著史记视为如同孔子作《春秋》一样，负有时代赋予的使命。他明白壶遂一番忠告的善良用心，但他不向壶遂公开承认这一点。总之，司马迁同壶遂的一番谈话，在坚定著述史记志愿的同时，对于完成这一使命的目的也更加明确了。

在完成改历的这一年，即太初元年，司马迁著述史记的工作也正式开始了。著述工作就在断断续续中进行着，日复一日，年复一年，虽然东奔西跑很辛苦，虽然属于他自己的时间并不多，但著述毕竟在继续着，直到有一天，大祸降临，司马迁陷入了痛苦的深渊。

司马迁《史记》石碑

李陵之祸

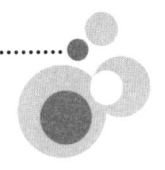

司马迁于太初元年正式开始撰写史记，这一年他32岁，正是精力充沛的年华。太史令职务上的关系，他不可能做到"闭户著书"。汉武帝此时已习惯于出巡全国各地，巡狩、祭祀。武帝每次出巡，司马迁必须照例侍从。这时，司马迁又由于为李陵投降匈奴一事辩护，惨遭李陵之祸。这一惨遇的始末是这样的：

公元前119年，汉军与匈奴展开决战，汉武帝派卫青、霍去病各领精兵5万，向匈奴总部发起进攻，汉军一路势如破竹，将匈奴单于打得落荒而逃，并且还俘虏了匈奴的相国、小王、将军等重要人物共83人之多。从此以后，匈奴向西迁移，再也不敢对汉朝有所侵犯，但不是说，从此匈奴就乖乖地顺从于汉朝了，实际上，西迁以后的匈奴，一直在蓄精养锐，伺机反攻。后来汉朝和匈奴也曾有过几次和谈，但都没有成功。公元前107

年，匈奴还扣留了汉朝派去的使者路充国，此后又多次侵扰汉朝的边境，汉武帝决定再次对匈奴用兵。公元前101年，汉武帝下诏伐匈奴。匈奴且鞮侯单于初立时，担心汉朝出兵袭击，表示同汉朝和好，将扣留的汉朝使者路充国放回。汉武帝轻信了单于的话，为了表示汉朝的豁达大度，汉武帝不仅把扣留的匈奴使臣送还，还派了苏武、张胜、常惠等人，带着丰厚的礼物再次出使匈奴，转达汉武帝对单于的问候。不料单于见了汉朝使者后，反而变得十分傲慢，他把汉朝使者的友好态度，当成了对匈奴的畏惧，这使得两国的关系又一次出现裂痕。不

司马迁画像

仅如此，匈奴方面还扣留了苏武等人，把苏武赶到北海（今西伯利亚贝加尔湖）去牧羊，苏武牧羊的历史故事就是由此而来的。苏武在寂寥无人的北海整整放了19年的羊，后来才被放归汉朝。

汉武帝闻知消息，大为震怒，命令宠姬李夫人的哥哥、贰师将军李广利统率3万骑兵，从酒泉（今甘肃酒泉）出击匈奴右贤王于天山。李广利并非带兵的料，只因他妹妹是汉武帝的宠妃，他就借着这层裙带关系爬上了贰师将军的座位，实际才能十分平庸，可以说是十分无能，这样的人领兵与匈奴作战，有什么后果是可想而知的。果然，损兵折将，领着剩下的二三成兵力灰溜溜地回来了，却还要装出一副苦战告捷的模样。

在李广利领兵去攻打匈奴的时候，李陵负责掌管这3万军队的辎重。李陵从张掖（今甘肃张掖市西北）赶回来，负责为李广利的大军运送后勤物资。李陵是名将李广的孙子。李广一生与匈奴作战七十余次，威震匈奴。李陵少年时任建章宫监，骑马与射箭的技艺极为精湛，为人又谦虚下士，甚得人们的喜爱，汉武帝也很赏识，认为他有李广的遗风。他曾经奉汉武帝之命，带着800骑兵，深入匈奴的境地去探测地形，回来后担任骑都尉，并按照汉武帝的指示，在酒泉、张掖一带，练兵5000余人，准备用来对付匈奴。凭李陵一番平匈奴的大志，岂肯在无能的李广利手下掌管辎重？于是他急忙赶往长安，面见天子，向汉武帝叩头请战：

"臣下所统领的边防士兵，都是些具有特殊技能的勇士剑客，力能扼虎，每射必中。愿自编一队人马，到兰干山前，用来分散匈奴的兵力，减轻匈奴从正面对贰师将军的攻击。"

"那么，拨给你什么军队呢？现在出兵已经很多，没有骑兵拨给你。"汉武帝说。

"用不着骑兵，臣愿以少击众，用5000名步兵直捣单于的窝巢！"李陵慷慨地表示。

汉武帝见李陵有此壮志，大加称赞，答应了李陵的请求，同时命驻守居延（今内蒙古额济纳旗东南）的强弩都尉路博德率军到张掖的半路上接应李陵的军队。路博德是一位为汉王朝立有战功的老将，认为跟随在年轻人李陵5000士兵之后是件羞耻的事，便向汉武帝上奏说：

"现在正值秋季，匈奴马肥兵壮，不可与敌交战。臣愿李陵驻兵，待明年春天，我们各自率军出击，定能活捉单于。"

汉武帝看过路博德奏书，大为生气，误以为李陵是先说大话，临敌胆怯，不敢出塞击敌，让路博德从一旁上书。于是，汉武帝立刻给路博德诏书，说道：

"我本意要拨给李陵骑兵，他说用不着，要以少击

韩城太史祠献殿供桌

众。如今敌兵已入侵西河，令你立即带兵去西河，截断敌人进袭西河的道路。"

与此同时，汉武帝又给李陵发出一道诏书：

"一定要在9月里出兵居延，到达东浚稽山南的龙勒水上，侦察敌军的动静。如见不到敌人，就到受降城休整队伍，并立即派快骑来京报告。你跟路博德都讲了些什么话，也要如实交代！"

李陵接到皇帝诏书，怎敢怠慢，便立即率部下5000壮士从居延出兵，北行30余日，到达指定地点浚稽山。李陵一面派人安营扎寨，一面细细勘察地形，把沿途的地形都画了下来，并立即派部下陈步乐回长安向武帝禀报。陈步乐向汉武帝汇报说："李陵很得军心，部下壮士无不愿尽死力报效国家。"汉武帝听后很是高兴，顿时觉得胜利在望，盛喜之下，将陈步乐留在朝廷，担任郎中的职务。

陈步乐离开部队，李陵便与匈奴的主力部队遭遇，被3万骑兵包围。敌军以众击寡，匈奴单于亲自领着一队人马向李陵他们冲过来，面对潮水般涌来的敌军，李陵异常镇定，他排好阵式，命令士兵向敌军放箭，顿时千弩齐发，敌军纷纷落马，单于被汉军的神威所震慑，不敢再进一步，领着剩余兵力仓皇向浚稽山上逃去，汉军乘胜追击，又杀敌几千人。

初战告捷，军士们无不欢欣鼓舞，却没料到一场更大的苦战正等待着他们。

单于损兵折将，岂肯善罢甘休？马上又亲领了8万多人马再次攻打汉军，李陵他们一面沉着迎战，一面向南方撤退，数日后，到达一个山谷。此时，李陵部下的5000壮士浴血奋战，到此时已死伤累累，而朝廷竟没有派一名援军前来救助。军队整编后次日再经苦战，又杀敌三四千人。李陵向东南顺龙城（今鄂尔浑河西侧和硕达木湖附近）故道败退，行军四五日，在一个芦花荡，敌军从上风放火，李陵也放火自救。李陵继续南行，在一个小山下与匈奴在树林间苦战，又杀敌数千人。汉军

发"连弩"向单于射击,单于惊骇,逃下山来。

　　回到军帐的单于惊魂未定,陵军的英勇还击让他束手无策,同时,他也疑心李陵军且战且退,是不是想把他们引入汉军的大埋伏之中,因而是进,是退,单于犹豫不定。

　　这时,李陵军中有个军侯投降匈奴,说李陵军中的箭支快要用完,又无援军,只有李陵与韩延年各率800人为前锋部队。单于得知虚实,再次用骑兵包围汉军,呼喊李陵、韩延年赶快投降,同时截断李陵军队的归路。李陵同部下被围在一个山谷里,敌军四面射击,李陵突围南行,一日之内,50万支箭全部射光。此时,李陵部下尚有三千余人。由于粮尽箭绝,李陵令壮士四下突围逃散,自己同韩延年上马突围,跟随者仅有十余人。敌人数千名骑兵穷追不舍,韩延年战死,李陵自觉:"无面目报陛下!"于是下马投降。逃散的壮士,到达汉朝边塞的只有四百多人。

　　汉武帝得知李陵兵败投降的消息,大怒,责问陈步乐,陈步乐无言答对,自杀而死。当朝廷上的公卿王侯,得知李陵击败匈奴的捷报时,都捧杯向汉武帝祝贺;得知李陵兵败投降后,又都改口说李陵有罪。汉武帝为此事而坐卧不安,食不甘味。朝廷上下没有一个敢为李陵说好话的,都生怕触怒了汉武帝,招罪下来,家小难保。

司马迁早年认识李陵，后来又是同僚，但彼此间并没有交往。司马迁平时见李陵孝顺母亲，待人诚恳，仗义疏财，谦虚谨慎，甘居人下，认为李陵是一名"奇士"，有"国士之风"。李陵为报效国家，率5000人深入敌人的"王庭"，"垂饵虎口，横挑强胡"，杀死数倍于己的敌兵，已尽到了一个"人臣"所能做到的一切，抑或是古代的名将，也没有人能超过他的。至于李陵兵败投降，司马迁认为可能是以后再寻找机会以适当的方式报答汉廷，对李陵投降匈奴的严重性认识不足。

司马迁见汉武帝因李陵兵败降敌那种凄惨难堪的样子，很想向武帝进言，但考虑到自己的身份，没有上言。不久，汉武帝召见司马迁，问他对李陵事件有何看法。

太史祠内今人凭吊诗词

司马迁说:"李陵带去的步兵不满五千,他深入到敌人的腹地,打击了几万敌人。他虽然打了败仗,可是杀了这么多的敌人,也可以向天下人交代了。李陵不肯马上去死,准有他的主意。他一定还想将功赎罪来报答皇上,皇上不必深责李陵……"汉武帝没等司马迁把话讲完,便大怒起来,认为司马迁称赞李陵的战功,这是故意抬高李陵,打击李贰师,为李陵游说。司马迁作为史官没有虚伪地给统治者歌功颂德,而是如实地记录和评价他们的得失,对汉武帝的毛病,也是毫不客气的指出来。汉武帝对此恨之入骨,一怒之下,以"诬罔"的罪名,将司马迁打入牢狱!

正直的司马迁!受非难的司马迁!只因替并不熟识的人讲了几句公道话,身陷囹圄,从此身体与精神上都受尽折磨!冷冰冰的君臣之情,冷冰冰的牢狱,冷冰冰的枷锁,突遭此难,司马迁无处申冤。

司马迁入狱后,他的朋友们无人为他奔走营救,武帝左右的人也没有谁肯替他讲话,而诬罔主上的罪名又是个死罪。按照当时的律法,官吏犯有死罪,一是可以用50万左右的钱赎罪,二是可以用接受腐刑来替代死罪。虽然有钱的人犯死罪,就可以不死,没钱的人犯死罪，要想不死，只好甘受宫刑。司马迁官小家贫，哪里去筹那么多钱来赎罪呢？

现在摆在司马迁面前的有两种选择，或者是去受死，或者去受那侮辱人格的宫刑。何去何从，司马迁开始了生死决策。

宫刑又叫腐刑，是古时极为残忍地摧残人的意志、折磨人的精神的一种行刑方式，受刑之后，男不男，女不女，其耻辱是一般人所忍受不了的。

司马迁想到了死，他宁死而不愿去受这等侮辱，可是

司马迁著书像

这样不明不白地死了，到底值不值得呢？人固有一死，或重于泰山，或轻于鸿毛，他这样去死，同九头牛身上失掉一根汗毛，同蝼蚁蚂蚁又有什么区别呢？可是，一想到将要接受那残酷的宫刑，司马迁心里又万般痛楚，在他看来，"刑不上大夫"，身为士人，节操是多么重要啊！人的死法有许多种，人受辱的方式也有许多种，最上等的是不污辱祖宗的死法，最卑贱、最污辱的就莫过于受宫刑了，刚正的人，是谁也受不了这种侮辱的啊！

司马迁心如蚁噬，是苟且偷生，还是决然赴死？司马迁千思万虑，他觉得除了他的平生著作理想还未实现之外，实无忍辱苟活之理。他想起"西伯拘而演《周易》；仲尼厄而作《春秋》；屈原放逐，乃赋《离骚》；左丘失明，厥有《国语》；孙子膑脚，《兵法修列》；不韦迁蜀，世传《吕览》；韩非囚秦，《说难》《孤愤》；《诗》三百篇，大氐（抵）贤圣发愤之所为作也。此人皆意有所郁结，不得通其道，故述往事，思来者。及如左丘明无目、孙子断足，终不可用，退论书策以舒其愤，思垂空文以自见"。历史上这一系列人物，也都是在遭遇了不幸之后，发愤著书，以鸣其不平于天下后世的。司马迁终于在封建统治的体系之外，看到了自己的生路，他决计忍辱含垢，坚持他的著作理想。他接受了残酷、耻辱的宫刑。从此以后，他的写作得到更大的力量，他要为自己的理想而苟活！而奋斗！

人固有一死，或重于泰山，或轻于鸿毛。

忍辱负重

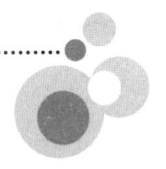

司马迁因直言而招来的这场李陵之祸，是他无法忍受的奇耻大辱，比死要可怕得多。然而，司马迁并没有做出"伏法受诛"的选择。他考虑的是"死"的价值，是否死得其所。司马迁没有忘记父亲的临终遗言，也深知自己所肩负的时代使命，于是他毅然选择了接受"腐刑"，甘愿在灵魂上受尽难言的煎熬，忍痛完成史记的写作。

司马迁受腐刑，时年36岁。出狱后，大约在第二年被任命为中书令。中书令一职的职责是"领赞尚书，出入奏事，秩千石"。从表面上看，中书令职位高于太史令。然而，这是宦者担任的职务，虽在内廷侍候皇帝，表面上看是"尊宠任责"，但被司马迁视为"扫除之隶"，"闺阁之臣"，使他因此而在精神上承受着更大的刺激和痛苦。他除了坚持他的著述工作以外，对朝廷内外的一

《史记》书影

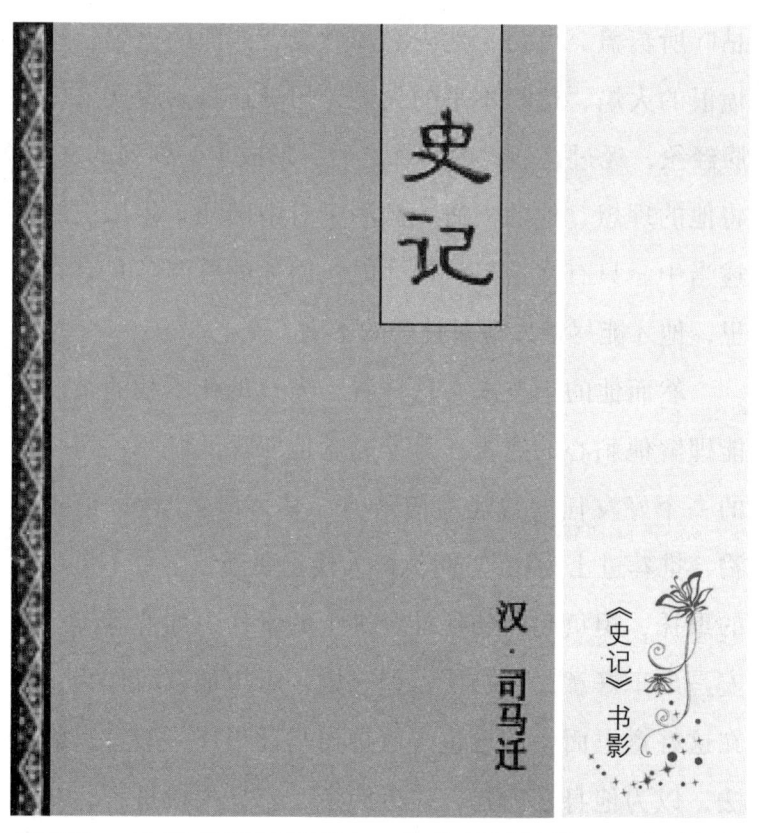

汉·司马迁

切事物，已经毫无兴趣而言，往往精神恍惚，"居则忽忽若有所亡，出则不知所往"。他的内心忍受着痛苦的煎熬和无限的愤恨，"每念斯耻，汗未尝不发背沾衣也"。

精神上的受辱对于一个人来说是多么沉重的打击啊！此时的司马迁，已与以前判若两人了，以前的意气风发，以前的滔滔大论、以前的绚烂文采，都似乎一去不复返了！司马迁外表看上去已经十分麻木了，就像一片秋后的枯叶，在秋风中飘零，行将失去生命，行将被更多的枯叶所覆盖。可是，他内心却燃烧着熊熊的火焰，这是愤恨的火焰，这是不平的火焰，司马迁将满腹文采、满腹经纶，经过这烈火的铸炼之后，形成了一列列的文字，将他的理想、他的愤慨，倾洒于对中国几千年历史的论述当中。只有在这里，他才能找回他的尊严，只有在这里，他才能尽情发泄对社会的不满。

然而他的亲友未必这样看，当日见死不救的亲友哪能理解他刺心的痛苦，哪能顾念他深深的耻辱？司马迁的一个好友任安曾经写信给他，其言曰："教以慎于接物，推荐进士为物"。叫他待人接物要谨慎，要不负朝廷的重托，担负起向朝廷推贤进士的责任，如此等等。任安是出于好意，勉励他，安慰她，希望他有所作为，但在这好意里面，却也包含着把司马迁当作一般宦官的看法，以为他身在内廷，接近武帝，容易乘机进言，却不知司马迁"自以为身残处秽，动而见尤，欲益反损，是以抑郁而无谁语"。司马迁接到信之后，内心十分苦涩，渐趋平静的心又翻起了万丈波澜，翻起了不堪回首的往事，可是该跟任安怎么解释呢？有解释的必要吗？那么大的耻辱既然已经忍受下来了，那就继续忍受下去吧，不用向别人解释什么了，别人的理解也已不再重要了。

几个月之后，司马迁听说任安遭了罪，将要受刑，他自己又要马上随汉武帝去雍地，以后怕是再也见不着

司马迁半身像

任安了，因此，给任安回了一封信，这就是有名的《报任安书》。书中，司马迁满怀激愤，申诉了自己的不幸遭遇，控诉了汉武帝的是非不明、残暴无情，对自己目前的境况，也对任安坦然相告，让任安明白他的苦衷。同时也告诉任安，他欲以究天人之际、通古今之变、成一家之言的巨著，已经基本完稿了！

任安是否收到这封信，他收到信后是否为司马迁的不幸表示同情，或者对司马迁巨著的初步完稿表示高兴，这都已无从考证了，这封信，却流传了下来。同时，我们也从他的信中得知，继《春秋》而著述，这一工作已基本完成了！

多少艰辛、多少屈辱、多少汗水、多少曲折，究天人之际，通古今之变，终于成一家之言。历史是沉甸甸的，司马迁告诉给我们的历史更加沉甸。各地的奔波、史料的搜集、古籍的整理，各种艰辛，各种劳累，都伴着屈辱的泪水化成了长篇巨著。

司马迁忍辱著史像

报任安书

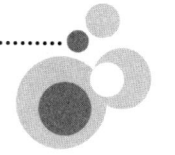

任安是司马迁的朋友,字少卿,荥阳人,年轻时家贫,后来做大将军卫青的舍人,由于卫青的荐举,由郎中官至益州刺史,因戾太发兵杀江充事件被判腰斩。当初司马迁给任安的回信即催人泪下的千古名篇——《报任安书》。

报任安书

(据《汉书》中华书局标点本排录)

少卿足下:曩者辱赐书,教以慎于接物,推贤进士为务,意气勤勤恳恳,若望仆不相师用,而流俗人之言。仆非敢如是也。虽罢驽,亦尝侧闻长者遗风矣。顾自以为身残处秽,动而见尤,欲益反损,是以抑郁而无谁语。谚曰:

"谁为为之？孰令听之？"盖钟子期死，伯牙终身不复鼓琴。何则？士为知己者用，女为悦己者容。若仆大质已亏缺矣，虽材怀随和，行若由夷，终不可以为荣，适足以发笑而自点耳。

书辞宜答，会东从上来，又迫贱事，相见日浅，卒卒无须臾之间，得竭指意。今少卿抱不测之罪，涉旬月，迫季冬，仆又薄从上上雍，恐卒然不可讳。是仆终已不得舒愤懑以晓左右，则长逝者魂魄私恨无穷。请略陈固陋。阙然不报，幸勿过。

仆闻之，修身者智之府也，爱施者仁之端也，

司马迁画像

取予者义之符也，耻辱者勇之决也，立名者行之极也。士有此五者，然后可以托于世，列于君子之林矣。故祸莫憯于欲利，悲莫痛于伤心，行莫丑于辱先，而诟莫大于宫刑。刑余之人，无所比数，非一世也，所从来远矣。昔卫灵公与雍渠载，孔子适陈；商鞅因景监见，赵良寒心；同子参乘，爰丝变色：自古而耻之。夫中材之人，事关于宦竖，莫不伤气，而况于慷慨之士乎！如今朝虽乏人，奈何令刀锯之余荐天下豪隽哉！

　　仆赖先人绪业，得待罪辇毂下，二十余年矣。所以自惟：上之，不能纳忠效信，有奇策材力之誉，自结明主；次之，又不能拾遗补阙，招贤进能，显岩穴之士；外之，不能备行伍，攻城野战，有斩将搴旗之功；下之，不能累日积劳，取尊官厚禄，以为宗族交游光宠。四者无一遂，苟合取容，无所短长之效，可见于此矣。乡者，仆亦尝厕下大夫之列，陪外廷末议。不以此时引维纲，尽思虑，今已亏形为扫除之隶，在阘茸之中，乃欲印首信眉，论列是非，不亦轻朝廷，羞当世之士邪！嗟乎！嗟乎！如仆，尚何言哉！尚何言哉！

　　且事本末未易明也。仆少负不羁之才，长无乡曲之誉，主上幸以先人之故，使得奉薄伎，

司马迁纪念币

出入周卫之中。仆以为戴盆何以望天,故绝宾客之知,忘室家之业,日夜思竭其不肖之材力,务壹心营职,以求亲媚于主上。而事乃有大谬不然者。夫仆与李陵俱居门下,素非相善也,趣舍异路,未尝衔盃酒接殷勤之欢。然仆观其为人自奇士,事亲孝,与士信,临财廉,取予义,分别有让,恭俭下人,常思奋不顾身以徇国家之急。其素所畜积也,仆以为有国士之风。夫人臣出万死不顾一生之计,赴公家之难,斯已奇矣。今举事一不当，而全躯保妻子之臣随而媒孽其短，仆诚私心痛之。且李陵提步卒不满五千，深践戎马之地，足历王庭，垂饵虎口，横挑强胡，卬亿万之师，与单于连战十余日，所杀过当。虏救死扶伤不给，旃裘之君长咸震怖，乃悉征左右贤王，举引弓之民，一国共攻而围之。转斗千里，矢尽道穷，救兵不至，士卒死伤如积。然李陵一呼劳军，士无不起，躬流涕，沫血饮泣，张空弮，冒白刃，北首争死敌。陵未没时，使有来报，汉公卿王侯皆奉觞上寿。后数日，陵败书闻，主上为之食不甘味，听朝不怡。大臣忧惧，不知所出。仆窃不自料其卑贱，见主上惨凄怛悼，诚欲效其款款之愚，以为李陵素与士大夫绝甘分少，能得人之死力，虽古名将不过也。身虽陷败彼，彼观其意，且欲得其当而报汉。事已无可奈何，其所摧败，功亦足以暴于天下。仆怀欲陈之，而未有路。适会召问，即以此指推言陵功，欲以广主上之意，塞睚眦之辞。未能尽明，明主不深晓，以为仆沮贰师，而为李陵游说，遂下于理。拳拳之忠，终不能自列。因为诬上，卒从吏议。家贫，财赂不足以自赎，交游莫救，左右亲近不为壹言。身非木石，独与法吏为伍，深幽囹圄之中，谁可告愬者！此正少卿所亲见，仆行事岂不然邪？李陵既生降，隤其家声，而仆又茸之蚕室，重为天下观笑。悲夫！悲夫！

事未易一二为俗人言也。仆之先人非有剖符丹书之功，文史星历近乎卜祝之间，固主上所戏弄，倡优畜之，流俗之所轻也。假令仆伏法受诛，若九牛亡一毛，与蝼蚁何异？而世又不与能死节者比，特以为智穷罪极，不能自免，卒就死耳。何也？素所自树立使然。人固有一死，死有重于泰山，或轻于鸿毛，用之所趋异也。太上不辱先，其次不辱身，其次不辱理色，其次不辱辞令，其次诎体受辱，其次易服受辱，其次关木索被棰楚受辱，其次鬄毛发婴金铁受辱，其次毁肌肤断肢体受辱，最下腐刑，极矣。传曰"刑不上大夫"，此言士节不可不厉也。猛虎处深山，百兽震恐，及其在阱槛之中，摇尾而求食，积威约之渐也。故士有画地为牢势不入，削木为吏议不对，定计于鲜也。今交手足，受木索，暴肌肤，受榜棰，幽于圜墙之中，当此之时，见狱吏则头枪地，视徒隶则心惕息。何者？积威约之势也。及已至此，言不辱者，所谓强颜耳，曷足贵乎！且西伯，伯也，拘牖里；李斯，相也，具五刑；淮阴，王也，受械于陈；彭越、张敖，南乡称孤，系狱具罪；绛侯诛诸吕，权倾五伯，囚于请室；魏其，大将也，衣赭关三木；季布为朱家钳奴；灌夫受辱居室。此人皆身至王侯将相，声闻邻国，及罪至罔加，不能引决自财。在尘埃之中，古今一体，安在其不辱也！由此言之，勇怯，势也；强弱，形也。审矣，曷足怪乎！且人不能蚤自财绳墨之外，已稍陵夷至于鞭棰之间，乃欲引节，斯不亦远乎！古人所以重施刑于大夫者，

《报任安书》工艺石碑

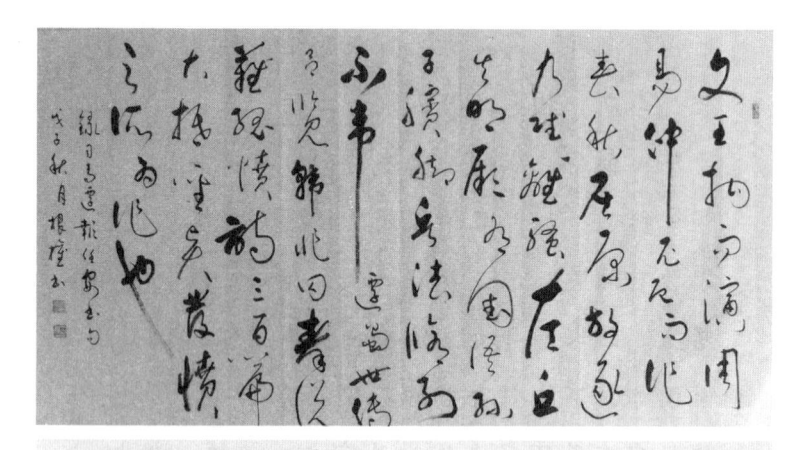

司马迁《报任安书》

殆为此也。夫人情莫不贪生恶死，念亲戚，顾妻子，至激于义理者不然，乃有不得已也。今仆不幸，蚤失二亲，无兄弟之亲，独身孤立，少卿视仆于妻子何如哉？且勇者不必死节，怯夫慕义，何处不勉焉！仆虽怯耎欲苟活，亦颇识去就之分矣，何至自湛溺累绁之辱哉！且夫臧获婢妾犹能引决，况若仆之不得已乎！所以隐忍苟活，函粪土之中而不辞者，恨私心有所不尽，鄙没世而文采不表于后也。

古者富贵而名摩灭，不可胜记，唯倜傥非常之人称焉。盖西伯拘而演《周易》；仲尼厄而作《春秋》；屈原放逐，乃赋《离骚》；左丘失明，厥有《国语》；孙子膑脚，《兵法》修列；

不韦迁蜀,世传《吕览》;韩非囚秦,《说难》《孤愤》。《诗》三百篇,大氐贤圣发愤之所为作也。此人皆意有所郁结,不得通其道,故述往事,思来者。及如左丘明无目,孙子断足,终不可用,退论书策以舒其愤,思垂空文以自见。仆窃不逊,近自托于无能之辞,网罗天下放失旧闻,考之行事,稽其成败兴坏之理,凡百三十篇,亦欲以究天人之际,通古今之变,成一家之言。草创未就,适会此祸,惜其不成,是以就极刑而无愠色。仆诚已著此书,藏之名山,传之其人通邑大都,则仆偿前辱之责,虽万被戮,岂有悔哉!然此可为智者道,难为俗人言也。

且负下未易居,下流多谤议。仆以口语遇遭此祸,重为乡党戮笑,污辱先人,亦何面目复上父母之丘墓乎?虽累百世,垢弥甚耳!是以肠一日而九回,居则忽忽若有所亡,出则不知其所往。每念斯耻,汗未尝不发背沾衣也。身直为闺阁之臣,宁得自引深藏于岩穴邪!故且从俗浮湛,与时俯仰,以通其狂惑。今少卿乃教之以推贤进士,无乃与仆之私指谬乎。今虽欲自雕琢,曼辞以自解,无益,于俗不信,

只取辱耳。要之死日，然后是非乃定。书不能尽意，故略陈固陋。

《报任安书》的译文如下：

太史公（指司马谈）的仆人司马迁再拜言，少卿足下：

从前承蒙来信赐教，教以慎于接务，把向朝廷推荐贤能人士当作自己的工作。来信的情意十分诚恳，好像在抱怨我不遵从你说过的话，

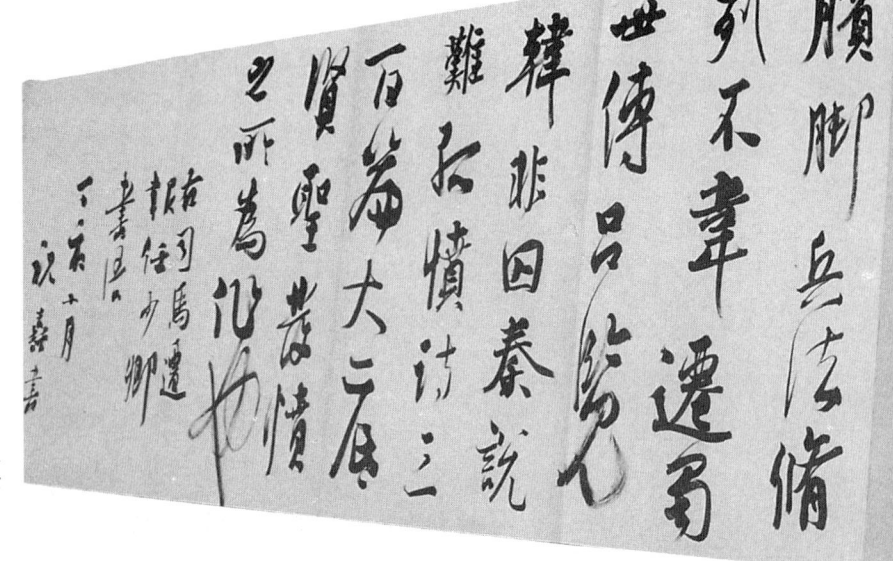

而采用了世俗庸人的意见。仆人并非敢如此。仆人虽才能低下,也经常闻知品德高尚的长者的说教与遗风。当时是考虑自己是身亏（已受腐刑）形秽,地位下贱,动则得过,欲益反损,所以独自郁郁不乐,可以与谁人言语！谚语说："谁为为之,孰令听之？"因此,钟子期死,伯牙因失去知音而不再弹琴。这是什么道理呢？

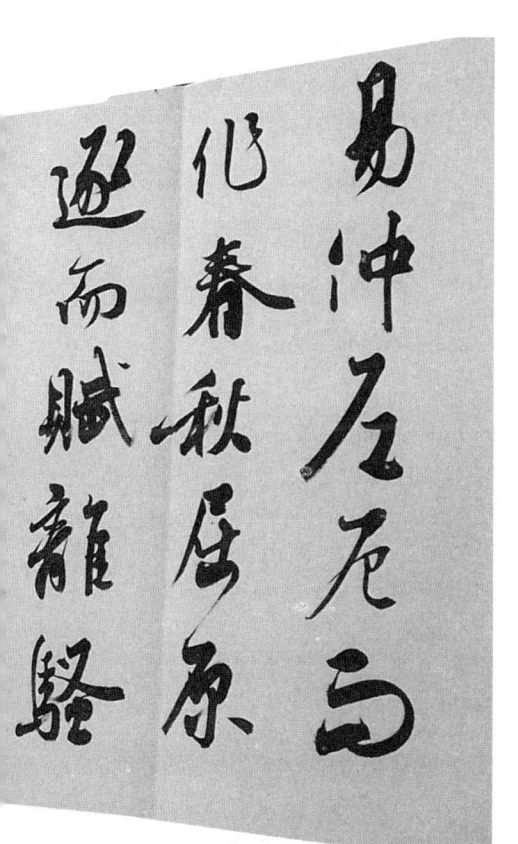

这是士为知己者死,女为悦己者容。仆人以身受宫刑,虽然有随和识玉那样的才能,许由、伯夷那样的操行,终不可引以为荣,适足以见笑于世人,自取污辱而已。

接到足下来信时本应当即答复,碰巧赶上侍从皇上,因职事关系,很少有相见的机会,并在回信中竭尽自己的心意。如今少卿获不测的大罪,一个月过后便是十二月（汉代法律规定，十二月份处决死刑犯人），我又即将随从皇上到雍地去，担心你会突然离去，使仆人终生不得抒发胸中的烦闷以使左右的人（指任安）知晓，如此又将使逝去的人（亦指任安）魂魄私恨无穷，请允许我大略陈述鄙陋的意见。回信耽搁了好久，望不要怪罪于我。

仆人听说：修身是智慧的符信与凭证，爱怜与同情是仁德的发端，取和予是义行的表现与标志，知耻知辱是判别勇敢与否的决断，树立好的名声，是品行的最高准则。士人有此五德，然后可以生存于世，列于君子之林。所以，祸患没有比贪图私利更为惨痛的，悲哀没有比伤心更为痛苦的，行为没有比污辱祖先更为丑恶的，耻辱没有比宫刑更为严重的。受过刑罚而获得余生的人（这里是指宦者），不能同平常人并列，这不但在今天是如此，而且是由来已久的了。当年孔子出游到卫国，一天，卫灵公同夫人同车出游，让宦者雍渠参乘，孔子为次乘，招摇过市，孔子为此而感到耻辱，于是离开卫国去陈国。商鞅通过宦官景监得以晋见秦孝公，赵良为此而寒心。汉文帝以郎中官宦者赵谈为参乘去见母亲，袁盎伏在车前谏阻，"奈何与刀锯之余（指宦官）共载？"可见，自古耻于与刑余之人为伍。以中材之人，凡事有关乎宦官，无不感到挫伤了志气，况且对于慷慨之士乎？如今朝廷虽然缺乏人才，奈何令"刀锯之余"（司马迁指自己）来荐举天下的豪杰俊秀！

仆人承继先人的事业，侍奉皇上已有二十余年。所以自我反思：对上不能进纳忠言，献出诚实的心意与贡献，获得进奇策才能的称誉，

韩城太史祠

取得明主的信任。其次，又不能拾取皇上遗忘的事情，弥补皇上欠缺的工作，为朝廷招贤进能，招来居于山中的隐士。对外又不能供职于军队，攻城野战，立有斩将拔旗的功劳。在下不能积日累劳，取得高官厚禄，以为宗族朋友的光荣尊宠。上述四个方面，没有一项取得成功，勉强地附和皇上的心意，取得皇上的喜悦，无有什么成就，于此可见。当初，仆人常常掺杂于下大夫的行列，参加外朝中微不足道的议论，不能在此时为国家的法制尽自己的思虑，如今以亏损的身躯任扫除之吏（指任中书令一

韩城太史祠

职），一个地位低贱的人，还想要昂首扬眉，陈述是非，这岂不是成了轻视朝廷、羞辱当朝的士大夫吗？呜呼！呜呼！既然如此，仆人还有什么可进言的！有什么可进言的！

况且事情的本末不是很容易就可以明了的。仆人少年时缺少高远不可羁系的才智，长大后在乡里之间又没有可以称道的名誉。主上因先人的缘故，得入宫禁侍卫皇上。仆人以为戴盆怎可以望天，所以断绝朋友间的日常往来，忘却家室的事业，日夜思念着竭尽自己浅薄的才能与力气，专心做好本职的工作，以求得主上

的亲近与喜爱。然而，事情有大大出乎自己所预料的，那便是仆人与李陵同居于一个官署共事，平素也没有什么交往。李陵身虽陷败，我观察他的意向，是想在日后寻找适当的机会报答汉廷。事情已经无可奈何，他击破匈奴军队的事，已使功劳表露于天下了。仆人想要陈述，未有门路，适逢皇上召问，当即阐述李陵的功劳，以使主上宽心，来堵塞那些说坏话的人的言论。此意未能全部表明，明主不得知晓，以为仆人败坏贰师将军，为李陵游说，于是下狱

太史祠子君殿

审理，一片忠诚之心，终不能得以陈述，以"诬上"之罪做出了判决。因为家贫，财货不足以赎罪；朋友们也无人相救，皇上左右的人也无人肯于进言。人非木石，整日与狱吏为伍，深拘于监狱之中，可以向谁人告诉！这些都是少卿亲眼所见，仆人的行事难道不是这样的吗？李陵既已投降，败坏了全家的名声，而仆人又入"蚕室"受宫刑，再次为天下人所取笑。悲哀啊！悲哀啊！如果把自己的情况和想法全部说出来，更不会被世俗之人所理解了。

　　仆人的先人并非有皇上赐给功臣的特殊待遇，而太史令所掌管的职事，与掌管占卜的官员相近，地位低下，犹如主上所蓄养倡优一般，为世俗所轻视。假使仆人伏法受诛，犹如九牛而亡一毛，与蝼蚁蚂蚁的生死有何区别？而世人又不能将仆人列入死节者的行列，一定会认为是智穷罪极，不能自免于祸，终于就死于刑而已。为什么这样呢？这同自己平素的工作和职业低下有关。人固有一死，或重于泰山，或轻于鸿毛，是因死的地方不同的缘故。最上等的是不辱于祖先，其次是不辱于自身，其次是不辱于脸面，其次是不辱于辞令，其次是屈体

中华爱国人物故事
ZHONGHUA AIGUO RENWU GUSHI

今陕西韩城门墩

受辱，其次是穿上囚服受辱，其次是带上刑具受辱，其次是遭受杖刑受辱，其次是剃光头发受辱，其次是带着铁链受辱，其次是毁坏肌肤受辱，其次是砍断肢体受辱，最下等接受腐刑受辱，可谓是受辱到了极点。《礼记》上说："刑不上大夫"。这是说士大夫的节气不可勉励。猛虎处在深山，百兽无不震恐；待到关入槛笼和落入陷阱之中，摇尾而求食，经过长时间的威力制约使猛虎逐渐驯服下来。所以，象征性的画地为牢，士人不入；削个木制的狱吏，也不可同他答对，宁可在受辱以前就自杀。如今手足被枷带锁，受刑时被剥去衣服，遭受捶打，被拘禁于监狱之中。当这个时候，见到狱吏则头撞地，看到狱卒则心惊胆战。这是什么缘故？是长时间威力制约的必然趋势。待到这种地步，还说什么不受辱，不过是厚着脸皮勉强做出笑容而已，何足为贵？况且西伯姬昌，是一国之伯，被拘于羑里监狱；李斯身为丞相、被具五刑腰斩；淮阴侯韩信，曾受封为诸侯王，在陈地（今河南淮阳）被带上刑具；彭越、张敖曾南面称王，也被投入狱中抵罪，绛侯周勃有诛诸吕之功，权力超过春秋时的五霸，也曾被拘于囚室下狱；魏其侯窦婴身为大将，因罪而被穿上囚衣，带上刑具；季布身为大将，为逃难不得不卖身为奴；太仆灌夫，也曾被囚禁受辱。这些人都身为王侯将相，名声远闻于邻国，待到刑法与罪名罔加于身，不能下决心自杀而死，处于屈辱的境地，古今一体，怎会有不遭受屈辱的？由此说来，勇与怯，强与弱，都是由形势所决定的。明白了这个道理，怎会有什么可以感到奇怪的呢？一个人不能在法律制裁之前自杀而死，因此而逐渐地接受屈辱，待到遭到鞭打之时，才想要死于名节，那就远离于死节了！古人所以慎重地施刑于大夫，大概就是由于这种考虑吧。人之常情，没有不贪生恶死，思念父母，顾及妻子。至于为义理而激动，则不思念父母，顾及妻子，那是因为人情与义理二者不能兼顾，不得已而为之。如今仆人不幸，早年失去父母，又没有兄弟，独身孤立，少卿您也看到，我并不是那种顾念妻子儿女的人吧？况且，勇者不必去死节，怯夫慕义，随时随地都可以勉励自己不要受辱。仆人虽胆怯懦弱，想要苟且地活着，还是很知道去与就的分别，舍生取义，何至于受狱中的屈辱！况且低贱的婢妾，都能够做到自杀而死，更何况仆人就做不到吗？所以忍辱苟活于世，是因为私心（指著述史记的大志）有所不尽，卑贱无知地了却一生，则会使文章不能发表并传于后世。

自古以来，富贵者死而名灭，多得不可胜记。唯有卓越的人物，永远受到人们的称颂。盖文王拘而演《周易》；仲尼厄而作《春秋》；

秉笔直书著述《史记》的司马迁
BING-BI ZHISHU ZHUSHU SHIJI DE SIMA QIAN

《史记》书影

屈原放逐，乃赋《离骚》；左丘失明，厥有《国语》；孙子膑脚，《兵法》修列；不韦迁蜀，世传《吕览》；韩非囚秦，《说难》《孤愤》；《诗》三百篇，大抵圣贤发愤之所为作也。这些人都是意志长久地郁结于心中，其主张不能得以通行，所以追求往事，以求未来的人了解自己的心意。至于左丘明失明，孙膑被断足，终不被采用，退而论述自己的见解于书册之中，来抒发胸中的积愤，想要流传尚未实行的文章来表

现自己。仆人虽然不才，近乎自托于无能的言辞，网罗天下散失的旧闻，尽量地考证于实际，综合事情的终始，考察成败兴坏的规律，上起于黄帝，下至于当今之世，作《表》十、《本纪》十二、《书》八、《世家》三十、《列传》七十，共一百三十篇，想借此探求人与自然的关系，通晓古今变化的规律，以成就一家的独到见解。在写作此书而尚未完成之际，遭此祸难。担心写书不能完成，所以接受腐刑时无有愤怒的表情。仆人确实是以著成此书，将书藏于名山，传于与自己志同道合的人，使天下大都之人都能得以看到。如此，则仆人可以补偿受腐刑之辱而欠下的情债；如此，虽被杀戮一万次，难道还会有什么悔恨么！然而，上面这些话只

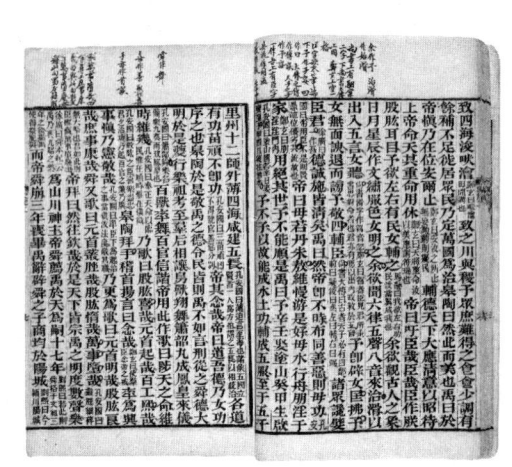

《史记》书影

有当智者说才会被理解，难道可以向世俗之人说这些话么？

况且在负罪受辱的情况下，不易居处；处于卑贱的地位，会招来很多诽谤。仆人因口语（指为李陵辩护）而遭受此祸，再次受乡里邻居的耻笑，因此而污辱先人，又有什么脸面再到父母的墓地上去祭祀？抑或是时过百世，耻辱也会是更加有甚而已！因此，心肠如绞，一日而九回，居家时精神恍惚，总好像是有所亡失似的；出门时，往往竟不知要前往何处。每当想到这一耻辱，未尝不汗流浃背而沾衣！既然身为宦官，怎能比得上居于山中的隐士？所以姑且同世俗浮沉，随波逐流，用狂惑来抒发胸中的积愤。如今少卿用"推贤进士"教我，未免与我的私心大为乖谬了！今日用推贤进士的行为和动听的言辞来掩饰自己的耻辱，会有什么益处，世俗也不会相信，不过是自取耻辱而已。总之，死后，是非才能定论。书信不能尽意，略述陋见。谨再拜。

《报任安书》是司马迁写给任安的一封回信。在文章中，司马迁以极其激愤的心情，申述了自己的不幸遭

遇，抒发了内心的无限痛苦，揭露了汉武帝的喜怒无常、是非不明、残暴无情。可以说，《报任安书》是司马迁心灵磨难的自白书，不读《报任安书》，就无法了解司马迁，更无法了解司马迁是在怎样的情况下成就了《史记》这部光辉的不朽名著。

《报任安书》是司马迁最后一次有据可查的活动痕迹，此后就没有了这位史学大宗师的确切下落。他活了多久，怎样死的，死在哪里，都已经成了历史永远的谜。记述历史的人，自己却被历史遗忘，这又是命运对他的捉弄吗？但这毕竟是不重要的了，他的精神，他的《史记》，已经足以使后人对他永不忘怀了。

太史祠

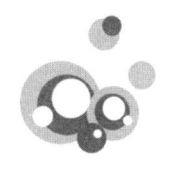

史家绝唱

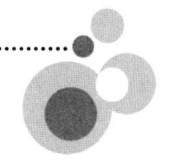

《史记》原名为《太史公书》,又称《太史公记》《太史记》,至东汉末年才称为《史记》。司马迁意在使其"藏之名山,副在京师,俟后世圣人君子"。汉宣帝时,司马迁外孙杨恽把它公之于世。其时已有少量缺篇,为后人褚少孙等补足。《史记》是中国史学上第一部纪传体通史,开创了纪传体通史的恢宏先河。

在公元前93年,司马迁已基本上完成了《史记》一书的写作。从公元前108年司马迁任太史令为写《史纪》做准备工作开始,首尾费时16年。

《史记》有十二本纪,七十列传,此外还有三十世家、十表、八书,共一百三十篇,五十二万五千六百字,记载了从黄帝至汉武帝约三千年间的史事。

十二本纪:《五帝本纪》《夏本纪》《殷本纪》《周本纪》《秦本纪》《秦始皇本纪》《项羽本纪》《高祖本纪》

《吕后本纪》《孝文本纪》《孝景本纪》《孝武本纪》。十二本纪是全书的总纲，以编年为体，记载历代帝王的世系，年代久远的以朝代为主，年代稍近的以帝王或实际当权者为主。"本纪"实质上是全国编年大事记，起提纲挈领的作用。

三十世家：《吴太伯世家》《齐太公世家》《鲁周公世家》《燕召公世家》《管蔡世家》《陈杞世家》《卫康叔世家》《宋微子世家》《晋世家》《楚世家》《越王勾践世家》《郑世家》《赵世家》《魏世家》《韩世家》《田敬仲完世家》《孔子世家》《陈涉世家》《外戚世家》《楚元王世家》《荆燕世家》《齐悼惠王世家》《萧相国世家》《曹相国世家》《留侯世家》《陈丞相世家》《绛侯周勃世家》《梁孝

王世家》《五宗世家》《三王世家》。三十世家亦以编年为体，记述王侯封国、开国功臣和有特殊地位、特殊影响的人物。其事或许并非牵涉全国，但对某一封国或全国社会生活的某一方面有巨大影响，多数可视为"国别史"。

七十列传：《伯夷列传》《管晏列传》《老子韩非列传》《司马穰苴列传》《孙子吴起列传》《伍子胥列传》《仲尼弟子列传》《商君列传》《苏秦列传》《张仪列传》《樗里甘茂列传》《穰侯列传》《白起王翦列传》《孟子荀卿列传》《平原虞卿列传》《孟尝君列传》《魏公子列传》《春申君列传》《范雎蔡泽列传》《乐毅列传》《廉颇蔺相如列传》《田单列传》《鲁仲连邹阳列传》《屈原贾生列传》《吕不韦列传》《刺客列传》《李斯列传》《蒙恬列传》《张耳陈馀列传》《魏豹彭越列传》《黥布列传》《淮阴侯韩信列传》《韩王信卢绾列传》《田儋列传》《樊郦滕灌列传》《张丞相仓列传》《郦生陆贾列传》《傅靳蒯成侯列传》《刘敬叔孙通列传》《季节栾布列传》《爰盎朝错列传》《张释之冯唐列传》《万石张叔列传》《田叔列传》《扁鹊仓公列传》《吴王濞列传》《魏其武安列传》《韩长孺列传》《李将军列传》《卫将军骠骑列传》《平津主父列传》《匈奴列传》《南越列传》《闽越列传》《朝鲜列传》《西南夷列传》《司马相如列传》《淮南衡山列传》《循吏

中华爱国人物故事
ZHONGHUA AIGUO RENWU GUSHI

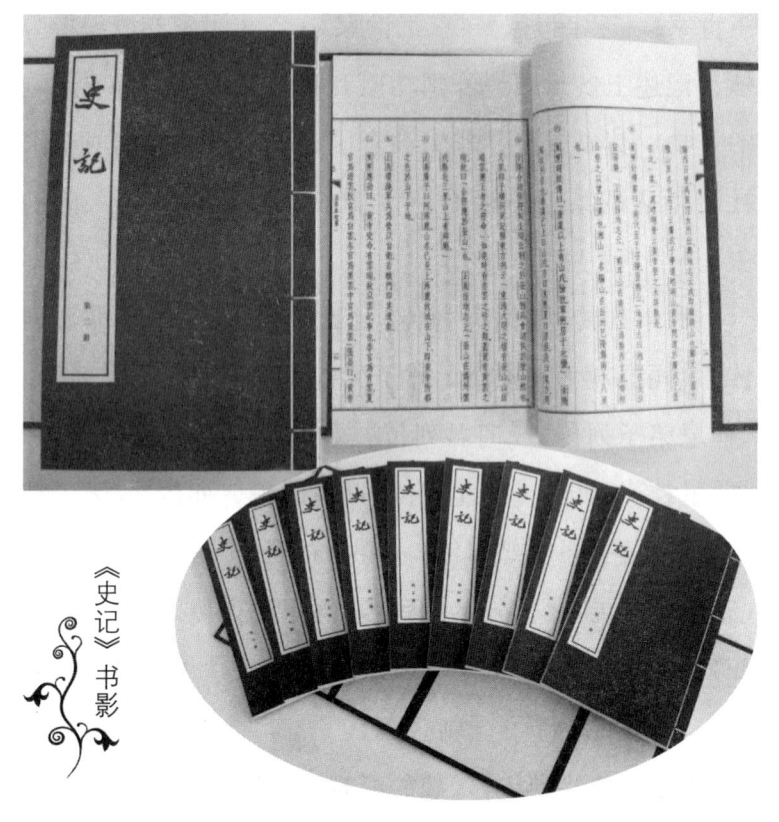

《史记》书影

列传》《汲郑列传》《儒林列传》《酷吏列传》《大宛列传》《游侠列传》《佞幸列传》《滑稽列传》《日者列传》《龟策列传》《货殖列传》《太史公自序》。七十列传所占篇幅最多，可分两大类：一类是人物传记，有一人一传的专传，有两人或数人的合传，按人物性质排列立传。所记人物范围极广，涉及贵族、官僚、政治家、经济家、军事家、哲学家、文学家、经学家、策士、隐士、说客、刺客、游侠、医士、占卜者、俳优等社会各个阶层；另一类是对外国或国内少数民族的记载，涉及中外关系史和国内民族关系史。"列传"对"本纪"起了充实和具体化的作用。

十表：《三代世表》《十二诸侯年表》《六国年表》《秦楚之际月表》《汉兴以来诸侯年表》《高祖功臣侯者年表》《惠景间侯者年表》《建元以来侯者年表》《建元以来王子侯者年表》《汉兴以来将相名臣年表》。十表谱列帝王、诸侯、贵族、将相大臣的世系、爵位和简要政绩，以年代远近、史事繁简而别为世表、年表、月表。今人观之，也可分为大事表和人物表两类，诸如"三代世表""十二诸侯年表""高祖功臣侯者年表""汉兴以来将相名臣年表"等。"表"的作用是形象、直观，便于观览，可补"本纪""世家""列传"之不足，又可省去不少文字，使记载免于繁冗。

八书：《礼书》《乐书》《律书》《历书》《天官书》《封禅书》《河渠书》《平准书》。八书分门别类记述历代历法、礼乐、封禅、水利、经济等典章制度，反映了社会生活的各个方面，是《史记》很重要的部分，诸如《礼书》《乐书》《历书》《河渠书》《平准书》等等。其中尤以《平准书》最为精彩，记录社会经济状况，特别是汉朝经济政策的演变，开后代正史《食货志》之先河。历来人们称《史记》是纪传体史书，强调本纪和列传的重要性。其实，作为全书的组成部分，表、书、世家都有纪、传不能代替的独立的价值，严格地说，它应是纪传志书体，是一种综合体史书。

《史记》本着"究天人之际，通古今之变，成一家之言"的宗旨，为中国的历史竖起了一座里程碑，这座里程碑光芒万丈，它照亮了前代的历史，也为后代人献身史学照亮了道路。综观《史记》，主要有以下风格特点：

一、力求真实

司马迁撰写《史记》，态度严谨认真，实录精神是其最大的特色。他写的每一个历史人物或历史事件，都经过

民祭"史圣"大典在司马迁故里——陕西韩城举行

了大量的调查研究，并对史实反复作了核对。司马迁早在20岁时，便离开首都长安，遍踏名山大川，实地考察历史遗迹，了解到许多历史人物的遗闻轶事以及许多地方的民情风俗和经济生活，开阔了眼界，扩大了胸襟。汉朝的历史学家班固说，司马迁"其文直，其事核，不虚美，不隐恶，故谓之实录"。也就是说，他的文章公正，史实可靠，不空讲好话，不隐瞒坏事。这便高度评价了司马迁的科学态度和史记的记事翔实。

司马迁要坚持"实录"精神，就必须面对现实、记录现实，这就不可避免地会发生"忌讳"的问题。可是他在给人物作传记时，并不为传统历史记载的成规所拘束，而是按照自己对历史事实的思想感情记录。从最高的皇帝到王侯贵族，到将相大臣，再到地方长官等等，司马迁当然不会抹杀他们神奇、光彩的一面，但突出的是揭露他们的腐朽、丑恶以及对人民的剥削和压迫。尤其揭露了汉代统治阶级的罪恶。他虽是汉武帝的臣子，但对于他的过失，司马迁丝毫没有加以隐瞒，他深刻揭露和批判了当时盛行的封禅祭祖、祈求神仙活动的虚妄。在《封禅书》中，他把汉武帝迷信神仙，千方百计祈求不死之药的荒谬无聊行为淋漓尽致地描绘了出来。

司马迁想为封建统治者提供历史的借鉴作用，反映的是真实的历史，这是非常可贵的。本着实录的精神，司马迁在选取人物时，并不是根据其官职或社会地位，而是以其实际行为表现为标准。比如，他写了许多诸如

中华书局出版的《史记》书影

游侠、商人、医生、倡优等下层人物的传记。在司马迁心目中，这些人都有可取之处。司马迁首创了以人载事，始终叙述一个人生平事迹的写法，着重写其"为人"，并注意其"为人"的复杂性，这是司马迁精妙的笔法。他在作传时，把自己的看法寓于客观的事实叙述之中，来表示自己对人物的爱憎态度。比如项羽这个人物，司马迁同情他，以非常饱满的热情来写这位失败英雄。他既称赞项羽的骁勇，又对他的胸无大志、残暴自恃作出批评。但是，在《项羽本纪》中，司马迁并没有发表议论，但是他对项羽的爱憎态度却于叙事之中明显地表现了出来。这便是司马迁作传的最大特点，即真实性和倾向性的统一。

二、爱憎分明

司马迁爱憎分明的感情在《史记》当中表现得非常充分。他高度评价了秦末农民大起义。陈涉出身贫农，是农民起义的领导者，可司马迁却将他和诸侯并列，放在"世家"当中来叙述。对于一个封建史学家来说，能做到这一点是非常不容易的。他在《史记·太史公自序》中，将陈涉和古代有名的帝王——商汤和周武王相提并论，同时明确地指出，只要封建帝王暴虐无道，人民就有权利起来推翻他。陈涉领导的这支农民军虽然没有取

《史记》抄本

得成功，但却掀起了波澜壮阔的秦末农民战争，最后终于推翻了秦朝的无道统治。对陈涉首先起义、推翻秦朝的历史功绩，司马迁是完全持肯定态度的。

对于历史上许多忠于祖国、热爱人民的英雄人物，司马迁也大加赞赏。他当年游历时，曾到过湖南长沙北面的汨罗江，并在江畔凭吊了伟大的爱国诗人屈原。这次凭吊极大地影响了司马迁，他的心灵中深深地印入了屈原的诗篇和一生的遭遇。在给屈原作传时，他认为屈原可以同日月争辉，并愤怒地谴责了楚国贵族统治者不辨忠奸的丑恶行径。当年，司马迁还曾到湖南零陵郡瞻仰舜的葬地，对舜的事迹作了实地考察。后来在写《史记》时，他便把舜的事情写在《五帝本纪》里，赞扬他忧国忧民的高贵品质。司马迁也非常推崇"完璧归赵"和"将相和"故事中的主人公——蔺相如和廉颇，对他们的爱国行为大加赞赏。

在《史记》中，司马迁还歌颂了那些为了反抗强暴，置自身性命于不顾的刺客以及救人急难、见义勇为的游侠。比如"风萧萧兮易水寒，壮士一去不复返"的荆轲，为报燕太子丹的知遇之恩不惜只身刺秦王，最终血溅秦廷。司马迁对这些人物进行大胆歌颂，实际上便是对劳动人民的同情，赞赏人民反抗强暴的愿望。司马迁对名医扁鹊、淳于意等有益于人民的人，用很长的篇幅记录了他们的生动事迹和医学理论。这些人在当时都没有社

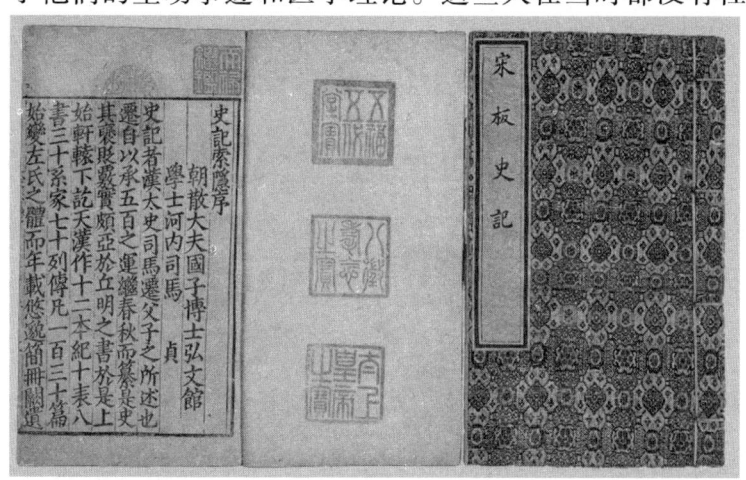

《史记》

司马迁纪念邮票

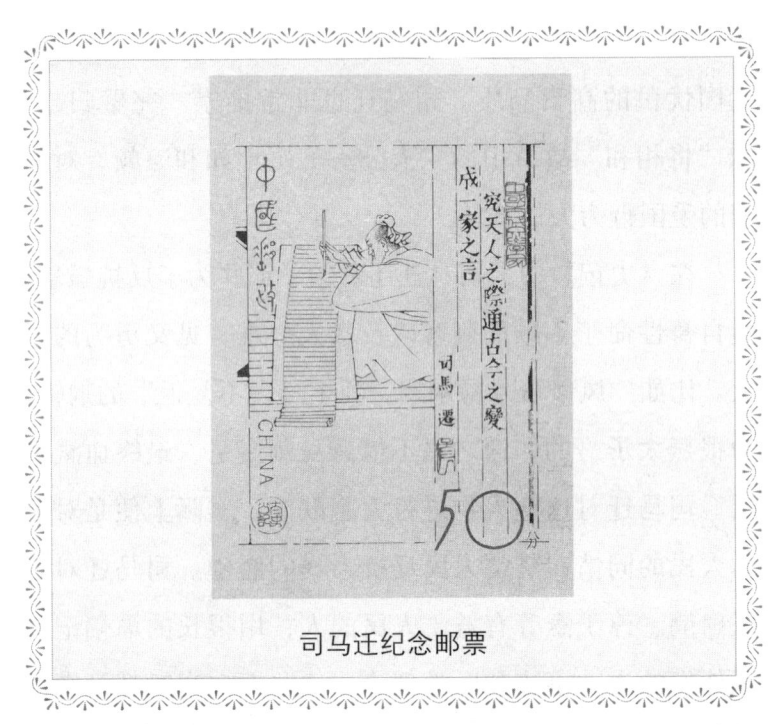

会地位，可在司马迁的心目中，他们远比某些王侯将相高贵。

对封建统治者的丑恶面貌，司马迁也有比较深刻的认识，并无情地揭露了统治阶级的罪恶。比如《酷吏列传》一共为10个残暴冷酷的官吏作传，其中汉武帝的臣子就有9人。汉武帝当时重用张汤，而"汤为人多诈，舞智以御人。始为小吏，乾没，与长安富贾田甲、鱼翁叔之属交私"。所谓"乾没"，即空手得到的意思。这里描写的是张汤为小吏时好用计谋以制服人的情况。张汤得势后，与赵禹一起制定了各种残酷的法令，其中有一条叫"腹诽之法"，即不管有罪与否，只要被指控为对朝廷心存不满，就可以据此治罪。张汤不仅善于巧立法令名目，而且还会迎合汉武帝的心意去处置"犯人"。在他的主持下，往往一个案件会使无数人家受到牵连，以致杀人如麻，视人命如草芥。这些人的罪恶活动都被司马迁记录了下来，他便是通过这些对汉武帝时期专制统治的残酷和黑暗加以暴露和控诉的。

　　司马迁的进步历史观和敢于揭露帝王过失的大胆作风值得肯定。对于历史的演进过程，他的思想也比较完整。他在给予历史正确的评价后，又充分肯定了历史是不断发展进化的这一结论。

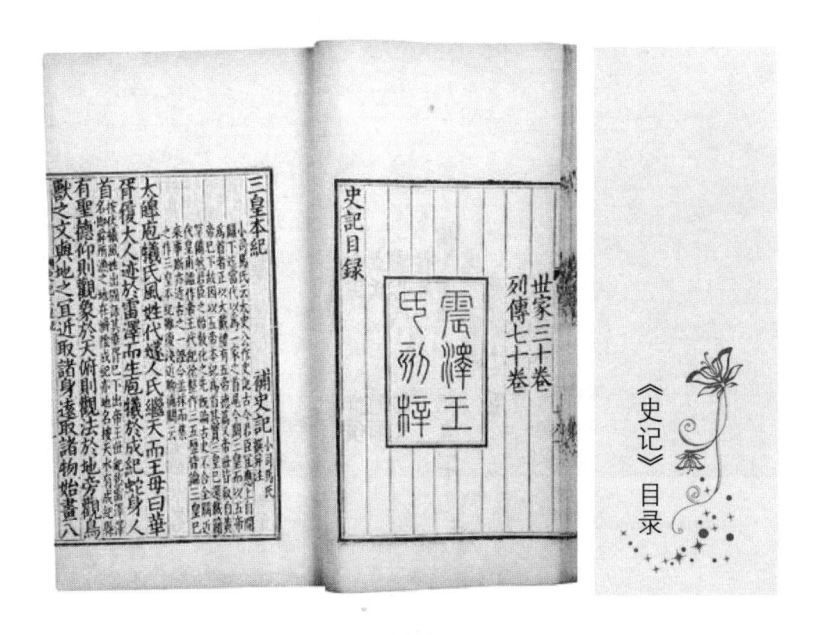

《史记》目录

三、史家绝唱

司马迁的学术思想，在中国古代思想文化史上占有重要的地位。鲁迅先生在《汉文学史纲》一书中，称《史记》这部名著为"史家之绝唱，无韵之《离骚》"，从史学与文学两个方面高度地肯定《史记》一书的伟大成就和司马迁在中国史学史和文学史上的崇高地位。

在司马迁的笔下，篇幅不多的文字就能非常生动地刻画出一个历史事件或一个历史人物。例如，对《田单列传》中田单防守即墨城的描写，田单用了六条妙计大胜燕国，使齐国得以恢复。"火牛阵"便是其中最重要的

韩城太史祠

一条计策。晚上，田单将紫红色的带有龙纹的布帛披在一千多头大牛身上，又在其角上绑上锋利的刀剑，用油浸透它们的尾巴，再用火点着。于是，一千多头牛带着熊熊火焰，像怪兽一样冲进了燕兵的阵地。而齐国士兵也拿着武器冲向了敌人，还有一些人敲锣打鼓，高声喊叫，以壮声势。摸不着头脑的燕兵吓得争相而逃，结果被杀得丢盔弃甲，燕兵的尸体遍布于战场上，齐国大获全胜。司马迁虽着墨不多，可"火牛阵"就如一幅图画一般出现于读者的脑海中。

司马迁还栩栩如生地刻画了不同类型的历史人物。他对西楚霸王项羽的描写非常精彩。巨鹿战役中，项羽率领大军渡河，然后沉掉所有的船只，并下令只允许带3天的粮食，这便形象而又具体地刻画了项羽破釜沉舟、与秦军决一死战的决心和气概。项羽的军队一个抵十个，消灭了数量上远远超过自己的秦军，在推翻强秦统治的战争中，发挥了举足轻重的作用。项羽在战斗结束之后，召见各路将领，当他们进入项羽的辕门时，没有一个人敢抬起头走路，这是对项羽威风的描写。对项羽被围的场景，司马迁描绘得更是感人。项羽慷慨而歌："力拔山兮气盖世，时不利兮骓不逝。"司马迁通过这歌声，完全

刻画出了这位英雄在失败以后慷慨悲壮，而又无力挽回失败命运的复杂心情。接下来，司马迁又对项羽突围后，在东城决战时的勇猛作了描绘。当时项羽只剩下28个骑兵，当几千名追兵迫近时，项羽圆睁双目，怒喝一声，把汉军吓得后退了好几里。看到这样的描写，不禁使人觉得这位失败的英雄似乎就在眼前。

再如，司马迁描写汉高祖入关时与民众约法三章，充分表现出了一个政治家的风度。而汉高祖也具有好谩骂的流氓习气和随机应变的性格。有一回，韩信给汉高祖写信，要求封自己为假齐王。汉高祖非常生气，刚想发作，张良却在一旁暗示他别发作，他立即转过口风说："大丈夫平定诸侯，要做就做真王，做什么假王呢？"这里用字也不多，却活灵活现地刻画出了汉高祖善于随机应变和玩弄权术的性格。

司马迁在书中的叙述语言非常生动，人物形象鲜明。他广泛采用口头流传的谚语、成语、歌谣，而且不回避方言土语。他的语言是一种接近口语的"方言"，通常叙述和人物对话和谐一致，虽明快但含蓄，话外有音，值得玩味；繁复而简洁，不拘一格，各得其所，一般都为人物特征的描写服务。他刻画人物说话口吻的描写最令人玩味，充分表现了人物的精神态度。为了突出人物形象，他还常常适当地强调、夸张。比如，《高祖本纪》："（五年）正月，诸侯及将相共请尊汉王为皇帝……汉王三让，不得已，曰：诸君必以为便，便国家。"这一

汉太史公司马迁之墓

段汉高祖让帝位的话,是直接模拟当时的口语,生动形象地反映了汉高祖惺惺作态的样子,读完不禁觉得汉高祖说话的情景就在眼前似的。再者,司马迁使用古史资料时,一般以当时通用语翻译古语。如《五帝本纪》写尧舜的事迹,取材于今文《尚书·尧典》,把书中的"百姓如丧考妣,三载四海遏密八音""允厘百工,庶绩咸熙"等语,翻译为"百姓如丧父母,三年四方莫举乐""信伤百官,众功皆兴"等,译文与原文相比较,就会发现更容易读懂。《史记》的人物传记之所以这么出色,是与司马迁驾驭语言的高超能力分不开的。

一个人在遭到无辜的迫害以后,通常有两种选择:要么悲观消沉,要么发愤图强。而司马迁选择了后一条路。他秉着"究天人之际,通古今之变,成一家之言"的目的,将自己心中所有的"愤"全部倾注到史记的创作中去。司马迁独创了中国历史著作的纪传体体裁,开创了史学方法上全新的体例。司马迁以个人传、纪为形式,以社会为中心记载历史,为后人展示了一部规模宏大的社会变迁史。无论在历史上还是文学上,司马迁都取得了光辉的成就。

《史记》流传于今,日益受到人们的重视。两千多年来阅读和研究《史记》的人不可胜计。司马迁将他的鲜血和生命化成了《史记》，给炎黄子孙留下了宝贵的遗产，他将永远值得人们祭奠！

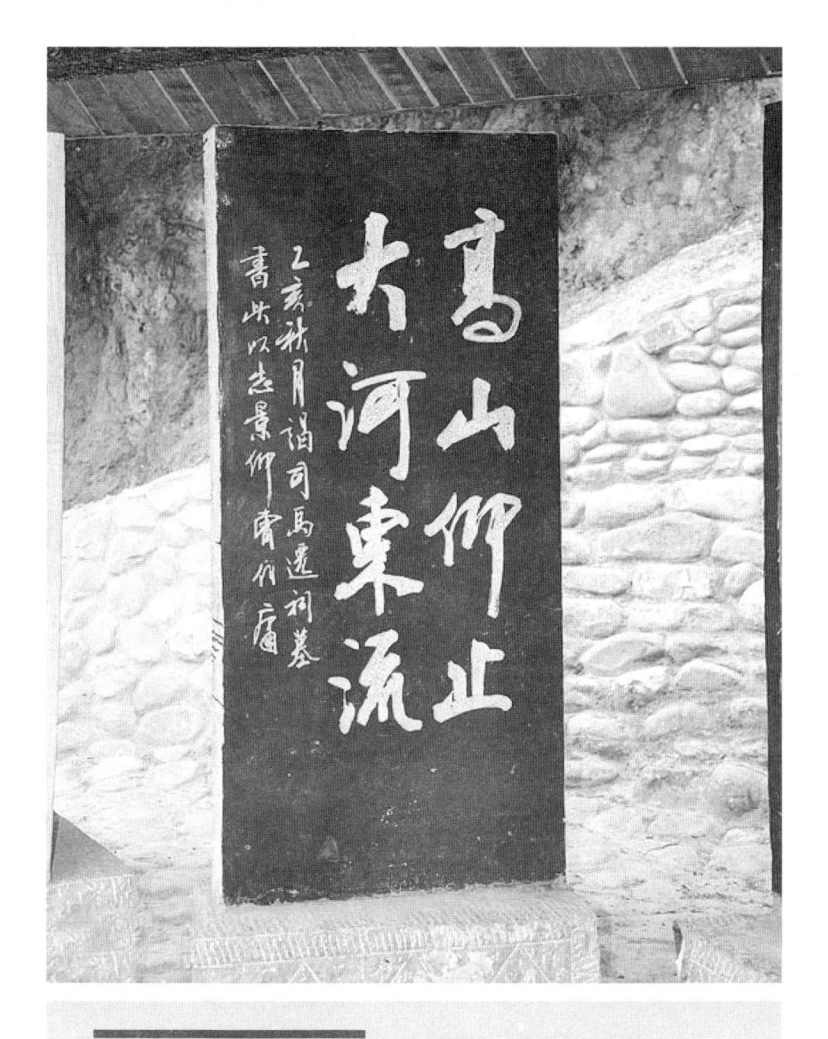

今人凭吊司马迁的石刻

中华爱国人物故事
ZHONGHUA AIGUO RENWU GUSHI